Le meilleur médicament,
c'est vous !

Docteur Frédéric Saldmann

Le meilleur médicament, c'est vous !

Albin Michel

À Marine

Préface

« Une pomme chaque matin éloigne le médecin.
Oui, mais à condition de bien viser. »

WINSTON CHURCHILL

En tant que médecin, mon rôle est, de l'avis de tous, clairement défini : j'écoute, j'examine, je pose des diagnostics et je prescris. C'est l'essence même de mon métier. Pourtant, j'ai l'impression de ne pas toujours répondre à la demande profonde des patients. En effet, je suis surpris par le nombre de ceux qui me consultent régulièrement, soit pour se faire renouveler une ordonnance, soit pour une nouvelle pathologie qui ressemble à la précédente. Depuis le temps, j'aurais dû m'habituer à revoir toujours les mêmes têtes dans ma salle d'attente. Au fil des années, mes patients et moi finissons par bien nous connaître et nous formons une sorte de « couple à trois » : le médecin, le patient et la maladie. On prend des nouvelles les uns des autres, on s'inquiète, on se rassure et on décide de se revoir à nouveau. Chacun est installé dans sa routine. Tout va bien. En fait, pas vraiment… Car on peut faire beaucoup mieux, et avec une méthode simple. Le cerveau et le corps humain disposent en effet de pouvoirs très puissants, qui ne

9

sont pratiquement jamais utilisés. Il suffit de les activer pour soigner efficacement un nombre considérable de symptômes et de maladies. L'effet est double : en corrigeant la cause et non l'effet, on diminue les récidives et on construit un vrai barrage contre les maladies. Nous possédons au fond de nous nos propres médicaments pour nous soigner mais nous ne les utilisons pas. Nous sommes notre propre médecine mais nous ne le savons pas.

En écrivant cet ouvrage, j'ai voulu vous délivrer l'ordonnance que je n'aurais jamais osé rédiger en consultation et vous confier la méthode pour être en meilleure santé et guérir par vous-même. Prenons un exemple très simple. Les traitements pour le cholestérol, le diabète gras ou l'hypertension artérielle sont utilisés par des millions de patients. Ces personnes prennent quotidiennement des comprimés qui sont censés les protéger contre les maladies cardiovasculaires. Pourtant, les statistiques montrent clairement que ces pilules ne sont pas des talismans : elles diminuent un peu les risques, parfois au prix d'effets secondaires gênants, mais elles ne traitent pas les causes. En modifiant quelques paramètres, on peut souvent se passer de traitement et régler le problème… En effet, 30 % de calories en moins, c'est 20 % de vie en plus ! Diminuer son poids, améliorer son alimentation, avoir une activité physique régulière peuvent tout changer. Un chiffre suffit à comprendre à quel point tout cela est fondamental : trente minutes d'exercice physique quotidien réduisent de 40 % les risques de cancers, d'Alzheimer et de maladies cardiovasculaires.

Mais ce n'est pas tout. Par soi-même, on peut se protéger et guérir de nombreuses maladies en utilisant des méthodes naturelles. L'organisme humain est une machine de précision qui a besoin, pour fonctionner sans faire de ratés, d'un équilibre parfait. La nutrition fait partie des points importants. Imaginez que vous mettiez dans votre automobile à essence du carburant diesel et vous aurez l'illustration des dégâts que peut produire une alimentation trop abondante ou déséquilibrée. Il y a un autre sujet que j'aborderai dans cet ouvrage, quitte à me retrouver un jour au chômage. Je veux parler de toutes ces maladies qui guérissent très bien toutes seules sans le concours du médecin et où les médicaments sont inutiles, voire dangereux, comme c'est le cas pour les angines virales ou la grippe. Un traitement, s'il est prescrit, peut donner l'impression qu'il a contribué à la guérison, alors qu'il n'en est rien. Sans lui, le résultat aurait été le même.

Durant toute notre vie, le corps se renouvelle constamment. Chaque seconde, 20 millions de cellules se divisent pour remplacer celles qui sont hors d'usage. L'objectif est de fabriquer de nouvelles cellules à l'identique pour remplacer les cellules mortes. Les erreurs de copie lors de ces divisions sont à l'origine de cancers. Il est donc essentiel que l'organisme fonctionne dans un environnement propice pour diminuer au maximum le nombre d'erreurs lors de la copie, erreurs qui ont tendance à augmenter avec l'âge, car le système immunitaire n'est plus aussi performant pour faire le nettoyage. Citons l'exemple du tabac, qui augmente les risques de mutation cellulaire au niveau des poumons, de la gorge ou de la vessie. Le stress, l'insomnie, le manque d'exercice empêchent également une bonne réparation cellulaire.

Vous l'aurez compris, il est essentiel d'entrer dans une démarche de prévention primaire par rapport à de nombreux troubles, pour en corriger les causes et non les effets. En clair, ne pas se comporter en assisté par rapport à sa santé, mais en entrepreneur actif. Dans ce livre, je vais vous donner les clés pour reprendre votre santé en main et consolider tous les domaines qui la composent : alimentation, poids, allergies, sommeil, transit, sexualité, stress, vieillissement... Si je devais comparer mon ouvrage à un objet, je choisirais le couteau suisse : il est multi-usages et permet de faire face de façon immédiate et pratique à toutes les situations. Comment passer au travers des maladies, mieux vous protéger avec des moyens à votre portée, telle est mon ambition pour vous aider à vivre longtemps en bonne santé.

CHAPITRE 1

GUÉRIR DE L'EXCÈS DE POIDS

« Il y a quelque chose de plus difficile encore, que de s'astreindre à un régime, c'est de ne pas l'imposer aux autres. »

MARCEL PROUST

Les chiffres sont alarmants : en France, une personne sur trois serait en surpoids. Selon l'OMS, le surpoids ou l'obésité concernent 1,4 milliard d'individus dans le monde. Soit une personne sur cinq. Outre le problème de santé publique qu'il pose, l'excès de poids constitue également un risque majeur pour la santé. Il est la porte d'entrée aussi bien pour des petits maux de la vie quotidienne comme le mal de dos, les douleurs dans les genoux que pour des maladies graves comme les cancers, les maladies cardiovasculaires ou le diabète. À l'inverse d'une rage de dents, qui fait souffrir tout de suite, l'excès de poids détruit progressivement le corps, sans faire de bruit. C'est l'image du bon vivant qui ne se prive de rien, mais dont la vie se termine un jour brutalement, trop vite, trop mal. L'énorme succès des régimes – des plus sérieux aux plus farfelus – le prouve, nous sommes nombreux à souhaiter perdre du poids. Pourtant, ne nous voilons pas la face : la majorité des personnes qui ont suivi un régime reprennent en deux ans tout le poids qu'elles ont perdu, voire plus. En tant que nutritionniste, je peux vous l'assurer : la meilleure chose à faire pour perdre du poids est de contrôler son alimentation tout en gardant le plaisir de manger.

L'indice de masse corporelle

Pour savoir si vous êtes en excès de poids, il suffit de calculer votre BMI (*body mass index*), IMC en français (indice de masse corporelle = poids en kilos divisé par la taille au carré (taille multipliée par la taille). Si le chiffre se situe entre 18 et 25, votre corpulence est normale. Au-delà de 25, on considère qu'il y a une surcharge pondérale et à partir de 30, on parle d'obésité. Cet indice est reconnu au niveau international comme un critère fiable et évite que des sujets en excès de poids ne se justifient en prétendant qu'ils ont des os et un squelette lourd...

• LES COUPE-FAIM QUI ASSOCIENT PLAISIR
ET EFFICACITÉ

Il n'y a pas de secret : pour perdre du poids, il faut manger moins. La difficulté est donc de diminuer votre appétit. Il existe deux solutions. Soit vous acceptez d'avoir faim et vous prenez votre mal en patience les premiers jours, en sachant que ce phénomène ira en s'atténuant. Mais cela nécessite une très grande force de caractère pour résister à toutes les tentations qui sont à portée de votre main ! Soit vous adoptez les réflexes pour mieux tenir et vous habituer en douceur à des apports caloriques quotidiens plus faibles. Voici quelques idées « coupe-faim », dont vous constaterez rapidement l'efficacité.

Les vertus du chocolat noir à 100 %

Si vous êtes sujet à des pulsions alimentaires que vous n'arrivez pas à contrôler, faites un petit essai, très simple. Au moment où vous allez vous jeter sur des produits gras, sucrés, salés et prendre un kilo en cinq minutes, croquez deux à quatre carrés de chocolat noir à 100 % et décidez simplement que vous vous autoriserez à vous laisser aller juste après. Vous allez le constater, le résultat est immédiat. L'ingestion de chocolat noir provoque un arrêt brutal de la pulsion alimentaire, sans frustration et sans douleur.

Des études scientifiques récentes prouvent ce mécanisme, qui est d'ordre physiologique et non pas psychologique, comme on pourrait le croire au premier abord. Des chercheurs néerlandais ont proposé à des volontaires de respirer et d'avaler 30 grammes de chocolat noir. Ils ont noté une baisse significative de l'appétit après cette ingestion mais, surtout, ils ont dosé certains facteurs hormonaux dans le sang, comme la ghréline. La ghréline est une hormone connue pour son rôle dans le déclenchement de l'appétit. Son taux augmente chez un sujet qui a faim avant un repas et diminue après. Les chercheurs ont ainsi noté que l'ingestion de 30 grammes de chocolat noir provoquait une forte baisse de la ghréline coïncidant avec un effondrement de l'appétit.

Mais les effets positifs du chocolat noir ne s'arrêtent pas là. Une étude récente, publiée par le Pr Béatrice Golomb aux États-Unis (Golomb *et al.*, 2012) vient de montrer que, contre toute attente, les consommateurs réguliers de chocolat noir étaient plus minces que ceux qui n'en consommaient pas. C'est là tout le paradoxe : malgré ses 540 calories pour 100 grammes, le chocolat noir 100 % ferait maigrir en dehors de son effet coupe-faim. Les chercheurs ont donc constaté que le BMI des consommateurs de chocolat noir était plus faible que celui des non-consommateurs. L'expérimentation a porté sur un millier d'hommes et de femmes d'un âge moyen de 57 ans. Il a été noté que l'effet optimal était défini par une ingestion quotidienne modérée de chocolat noir, de l'ordre de 30 grammes, et non pas par une grande quantité hebdomadaire ou mensuelle. Pour l'instant, les chercheurs ont simplement constaté le phénomène, sans comprendre exactement le mécanisme physiologique mis en jeu. Il est cependant possible que le chocolat agisse en diminuant le stress, ce qui contribue à baisser les pulsions alimentaires. De plus, le chocolat est connu pour sa teneur en polyphénols, des molécules organiques aux propriétés antioxydantes. Une étude allemande a d'ailleurs constaté que la consommation régulière de deux carrés de chocolat noir par jour entraînait une baisse de la pression artérielle, le premier chiffre (pression systolique) pouvant diminuer jusqu'à trois points et le second chiffre (la pression diastolique), jusqu'à deux points. Le chocolat augmenterait ainsi la souplesse de nos artères avec un effet sur la fluidité du sang.

Nous tenons peut-être ainsi une autre explication du fameux *french paradox*, selon lequel les Français font deux fois moins d'infarctus du myocarde que les Américains. Cela ne serait pas seulement lié au verre de vin rouge pris à chaque repas, mais aussi au chocolat noir. En effet, les Français sont les plus gros consommateurs de la planète de chocolat noir, six fois plus que les autres pays.

Il vous sera très facile de trouver du chocolat dans les supermarchés, mais attention, vous ne devez pas faire de concessions. J'ai bien dit du chocolat 100 %, et pas du 85 ou 90 %, car le résultat ne serait pas le même. Vous pouvez garder ces précieuses tablettes au bureau, à la maison, dans la sacoche ou le sac à main. Dès qu'une pulsion se fait sentir, croquez quelques carrés... avec modération.

Les mystérieux pouvoirs du safran

Le safran est une épice qui, à l'origine, est extraite d'une plante : *Crocus sativus*. Depuis longtemps, il existe des légendes autour de son pouvoir coupe-faim naturel. Mais parfois, derrière les légendes peuvent se cacher des réalités. C'est ce qu'a démontré récemment une équipe scientifique française. Il semblerait que le safran ait un effet anti-*snacking* et augmente la satiété de façon significative. Le *snacking* correspond à des comportements incontrôlés vers les aliments, prédisposant à l'excès de poids et à l'obésité. L'étude, qui a duré deux mois, a porté sur 60 femmes, divisées en deux groupes, un groupe prenant une supplémentation en safran, les autres un placebo. La quantité quotidienne de safran contenue dans la capsule était de 176,5 milligrammes. Les résultats ont ainsi démontré que la sensation de satiété contribuait à réduire les facteurs de prise de poids. Vous pouvez utiliser le safran pour agrémenter quasiment tous vos plats quotidiens : pâtes, riz, légumes, viandes, poissons. Il ne dénature absolument pas le goût des mets, bien au contraire, il l'accentue. Et en plus, il colore joliment les plats.

Bien s'hydrater

Je vous recommande également de boire de l'eau abondamment pendant les repas, contrairement à certaines idées reçues. En effet, bien s'hydrater est essentiel pour éviter les coups de fatigue et c'est bien au cours des repas que l'on pense naturellement à boire. L'eau peut également agir comme un régulateur d'appétit. Pensez toujours à prendre deux grands verres d'eau avant de participer à un apéritif. Cela évite de se désaltérer avec les boissons alcoolisées et de se jeter sur les petits-fours. De même, commencer un repas en prenant un grand verre d'eau permet de mieux contrôler son appétit. D'ailleurs, tous les manuels de savoir-vivre recommandent de mettre la table sans oublier de bien remplir les verres à eau avant que les invités ne passent à table.

La montre : un « gendarme » naturel

Il existe plusieurs façons pour s'arrêter de manger. Soit vous sentez que votre estomac va éclater sous la pression des aliments absorbés – ce qui convenons-en n'est pas très agréable ! –, soit une sensation d'origine différente se produit. Si vous prenez l'habitude de marquer une pause de cinq minutes au milieu d'un plat, avant de vous resservir ou entre chaque plat, une sensation de satiété s'établit naturellement. En effet, ces précieuses cinq minutes permettent au centre de la satiété situé dans le cerveau d'être stimulé et d'entrer en action. En pratiquant ces arrêts pendant un mois, vous constaterez que votre centre de la satiété qui était endormi se trouve rééduqué et fonctionne à merveille pour remplir son rôle de régulateur de l'appétit. Sans le savoir, beaucoup de restaurateurs utilisent ce « truc ». Sous prétexte de desserts longs à préparer ou qui risquent de manquer à la carte, ils prennent la commande des desserts en début de repas. Ils ont raison, car vous en avez tous fait l'expérience : quand un dessert tarde trop en fin de repas, vous n'avez plus faim et vous l'auriez volontiers annulé.

Le blanc d'œuf,
l'anti-fringale de compétition

Les protéines, qui peuvent être d'origine animale ou végétale, sont les constituants essentiels des cellules de notre organisme. Ce sont elles qui fournissent l'azote à notre corps, élément sans lequel il ne pourrait pas fonctionner. C'est dire l'importance capitale de ces molécules dans notre organisme. Les protéines sont présentes dans notre alimentation quotidienne : viandes, poissons, œufs, laitages, féculents, céréales… Elles ont un double avantage : de faible teneur calorique, elles sont très nutritives, d'où leur succès dans l'élaboration de certains régimes.

La star des coupe-faim d'origine protéique est certainement le blanc d'œuf. Avec seulement 44 calories pour 100 grammes, le blanc d'œuf provoque une excellente satiété. Il ne contient pas de graisse, zéro cholestérol et il peut se consommer sous plusieurs formes : blancs d'œufs durs (sans le jaune), omelettes blanches, blancs d'œufs brouillés qui peuvent se mélanger facilement avec des herbes fraîches et des tomates. Il provoque une sensation de satiété durable pendant plusieurs heures, qui constitue un rempart contre le *snacking* et les pulsions alimentaires déstabilisatrices. Prendre deux blancs d'œufs durs avant un apéritif permet d'éviter de se jeter sur les chips et les cacahuètes, dont une seule poignée représente un véritable déluge calorique. Les dernières recherches scientifiques ont montré que, pour un apport calorique égal, on se sent rassasié sur une durée plus longue à la suite d'un repas riche en protéines qu'après un repas riche en glucides ou en lipides. L'ingestion de protéines provoque l'émission d'un message coupe-faim au niveau des centres régulateurs de l'appétit.

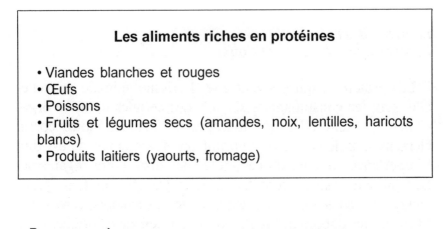

Les aliments riches en protéines

• Viandes blanches et rouges
• Œufs
• Poissons
• Fruits et légumes secs (amandes, noix, lentilles, haricots blancs)
• Produits laitiers (yaourts, fromage)

• LES MYSTÈRES DU PIMENT ET DU POIVRE

Le piment

Beaucoup d'entre vous ont un jour été victimes de la blague qui consiste à avaler un piment caché dans un plat. Le résultat est immédiat : une soif difficile à étancher et surtout une très forte sensation de chaleur avec une transpiration intense. En observant ce phénomène, des chercheurs américains se sont demandé s'il n'existait pas une relation entre la consommation de piment et le poids. En clair, existe-t-il un effet brûleur de graisse du piment ? Ces scientifiques, intrigués par le phénomène, ont testé les effets du piment sur une population de volontaires. Ils sont partis de l'hypothèse que le piment pouvait stimuler la dépense énergétique et accélérer le métabolisme. L'étude a montré une augmentation de la thermogénèse (température) après le repas, ainsi qu'une augmentation de l'oxydation des graisses. Une autre étude, menée à Bâton-Rouge aux États-Unis, a mesuré l'effet calorique de l'ingestion d'un piment qui est d'environ 50 calories par jour, ce qui reste assez modeste..

Le poivre et le sel :
le frein et l'accélérateur

La présence du sel est invisible dans les aliments et constitue pourtant une menace pour la santé s'il est consommé en excès. La majorité des scientifiques tirent la sonnette d'alarme. Le lien entre l'hypertension artérielle, les maladies cardiovasculaires, la fréquence accrue des cancers de l'estomac et l'ostéoporose sont maintenant évidents. Plus récemment des recherches ont mis en lumière une association potentielle avec des maladies auto-immunes comme la sclérose en plaques. En pratique le sel attaque sur tous les fronts l'organisme, que ce soit les artères ou certains cancers qui en sont la cible. Il faut souligner aussi que le sel est un très bon déclencheur de l'appétit : c'est pourquoi les gâteaux apéritifs, cacahuètes et amandes sont salés. Pour les personnes qui souhaitent réguler leur poids, ce n'est pas un allié.

Mais comment savoir si l'apport de sel quotidien est excessif ? Ce n'est pas évident du tout. Personne ne réussit à peser le sel qu'il va absorber dans la journée. Vivre avec une calculette pour savoir combien de sel contient la tranche de jambon ou le plat préparé n'est pas pratique. Additionner les apports en sel sur 24 heures est un casse-tête chinois. La solution, c'est de naviguer avec bon sens. Je conseille de ne jamais mettre de sel sur la table, et encore moins de saler avant de goûter. S'habituer à cuisiner sans sel est aussi une bonne technique. Faites l'expérience de demander au restaurant un plat sans sel. C'est aussi un bon test pour savoir si les plats sont préparés à la demande... Au début de ce petit jeu, vous trouverez les aliments insipides et sans saveur. Cela dure environ une quinzaine de jours. L'appétit diminue nettement. Progressivement, vous allez modifier votre seuil de goût salé au niveau du cerveau. Pour vous représenter ce qui se passe, c'est comme si vous avez coutume de prendre le café sans sucre. Si quelqu'un ajoute un morceau de sucre, vous n'arrivez plus à le boire, vous le trouvez écœurant. Tout l'environnement alimentaire présente la même modification. Le petit carré de chocolat qui accompagne, vous ne le supportez plus au lait mais le plus noir possible. Vous avez changé. Vos goûts ne sont plus les mêmes. Vous ne faites plus de régime, ce sont d'autres goûts qui vous font maintenant plaisir. Avec le sel, vous pouvez jouer la partie de la même façon. En s'habituant à manger peu salé ou pas salé du tout, vous ne pouvez plus supporter un plat trop salé. Vous avez gagné la partie. Vous protégez vos artères, votre risque de cancer de l'estomac est beaucoup plus faible. Et, cerise sur le gâteau, votre appétit est beaucoup plus facile à contrôler.

C'est un fait, nous consommons spontanément trop de sel. Le bon réflexe est donc de s'habituer à manger le moins salé possible. Pour ce faire, un bon moyen est de substituer le poivre au sel. Le poivre existe en plusieurs couleurs : le gris, qui n'existe que moulu, le vert, le noir, le blanc, ces couleurs correspondant en général à une maturité différente de la cueillette des grains. Je mets volontairement à part le poivre rose, dont il faut limiter la consommation car il peut présenter des problèmes de toxicologie (poison ivy) pouvant être à l'origine de maux de tête, de troubles respiratoires, de diarrhée ou d'hémorroïdes. Si vous êtes vraiment amateur de poivre rose, vous devez n'utiliser que quelques grains dans un plat, mais pas plus.

Il faut savoir que le poivre que l'on trouve dans le commerce est très souvent préalablement irradié. En effet, dans les pays producteurs, la plupart du temps, les épices sèchent à même le sol et renferment de nombreux microbes. Il est donc fréquent de retrouver dans le poivre un million de bactéries par gramme ainsi que des salmonelles. Cependant, pas de panique :

l'irradiation permet de stériliser le produit et de le consommer en toute tranquillité. Il s'agit d'une technique qui tue les bactéries dans les aliments et qui ne comporte aucun risque pour la santé.

Le poivre s'avère un allié minceur intéressant. En effet, il dispose de plusieurs propriétés. Il permet de diminuer l'appétit et de faciliter la digestion en réduisant les flatulences. On continue tous les jours à découvrir de nouvelles propriétés à cette épice. Par exemple, le poivre agirait comme un brûleur de graisse et inhiberait l'adipogenèse (formation des graisses de réserve). Des études récentes ont ainsi été réalisées pour analyser ces fonctions surprenantes. Le Pr Kim en Corée a démontré un effet réducteur de l'obésité du poivre chez la souris. D'autres travaux ont montré un effet sur la baisse du cholestérol. Une équipe canadienne a étudié les effets du poivre rouge chez la femme à l'occasion de repas particulièrement riches en graisses et en sucres. Ils ont noté que le fait d'ajouter du poivre augmentait la dépense énergétique et que plus de calories étaient brûlées avec une sensation accrue de chaleur corporelle. Les mêmes effets ont été observés chez l'homme par une équipe scientifique japonaise, qui a noté cette même augmentation de la dépense énergétique.

• LES DESSERTS QUI FONT MAIGRIR

Une équipe de chercheurs israéliens vient de lever un tabou, en démontrant que prendre un dessert au petit déjeuner pouvait participer plus efficacement à la perte de poids. Chez des sujets présentant une surcharge pondérale, ils ont observé que ceux qui prenaient un bon petit déjeuner accompagné d'un dessert obtenaient de bien meilleurs résultats en suivant un régime que ceux qui ne prenaient pas de dessert. Le groupe privé de dessert a ainsi été doublement puni, car son régime a moins bien marché. Les personnes avec dessert étaient moins sujettes aux fringales et n'avaient pas envie de produits sucrés au cours de la journée. Les scientifiques ont mis au jour l'explication de ce phénomène. Le dessert matinal intervient en diminuant la production de la ghréline, l'hormone qui provoque la sensation de faim. Les personnes qui démarrent le matin par « l'interdit des interdits », à savoir le dessert, cochent donc d'emblée la case sucrée. Ce dessert matinal régulerait donc la sensation de faim pour la journée pour cette équipe de chercheurs renommés qui a travaillé sur 193 sujets en surpoids.

Pour garder la ligne, il est évident qu'il vaut mieux s'abstenir de prendre des desserts à chaque repas. C'est souvent difficile quand vous êtes à table et que tout le monde se sert ou que le restaurant dans lequel vous êtes propose une carte de rêve ! Je vous suggère de commander un thé vert à la place du dessert. Cela permet de ne pas rester avec une assiette vide en regardant vos voisins de façon envieuse, mais pas seulement. Une équipe suédoise vient de montrer que ce geste permettait d'augmenter de deux heures la durée de satiété après la fin du repas.

• LE PLAISIR DE RÉGULER SON POIDS

Se méfier des plats light préparés

Disons-le franchement : il est souvent triste d'acheter un plat *light* sous vide ou surgelé. Si les photos sur la boîte sont alléchantes et si le nombre de calories affichées rassure, c'est la frustration une fois dans l'assiette. Le consommateur a l'impression d'être puni et le minuscule plat dans l'assiette fait pitié. « Manger moins, pour grossir moins » ne marche pas très bien. Des portions ridicules au moment du repas provoquent des pulsions alimentaires incontrôlables dans la journée. Récemment, dans une école anglaise, une petite fille a créé un blog qui fait fureur. Elle a tout simplement photographié ce qu'on lui servait à la cantine et calculé combien de bouchées représentait chaque plat.

J'ai fait le test avec plusieurs plats minceur proposés. En moyenne, en trois ou quatre bouchées, le repas est avalé. Et si, en plus, ce plat est bien cuisiné et qu'il a bon goût, la frustration est encore pire. Vous venez de consommer juste ce qu'il faut pour déclencher un immense appétit qu'il sera impossible de contrôler.

Pour déclencher le phénomène de satiété, il faut tenir compte à la fois des facteurs physiologiques et psychologiques. Psychologiques parce que, si vous avalez un grand volume d'aliments, l'impression de rassasiement est meilleure, et physiologiques parce que si la quantité est au rendez-vous, les barorécepteurs sensibles à la pression sur la paroi interne de l'estomac seront stimulés, provoquant ainsi une agréable sensation de satiété. Certains aliments ont la capacité de faire volume en apportant un taux très faible de calories : par exemple, les champignons (14 calories pour 100 grammes), les tomates (21 calories pour 100 grammes), ou même 100 grammes de pommes de terre vapeur, qui ne font que 85 calories. Une salade composée avec ces aliments, présentée dans un immense saladier et agrémentée d'herbes fraîches et d'une pointe de vinaigre balsamique représente un apport calorique restreint et sera à l'origine d'une excellente satiété.

Savourer... le moment présent

Le matin avec votre premier café, vous pensez déjà à la journée qui s'annonce, en vous projetant dans le futur tout en oubliant le présent. Vous ne savez même plus ce que vous buvez. C'est à ce moment qu'il faut fermer les yeux, vous concentrer sur les arômes, la bonne température de l'eau, les odeurs qui se dégagent de la tasse. Si les choses ne sont pas parfaites, vous pouvez les améliorer et vous constituer un environnement plus agréable. Quelques exemples : changez de marque de café, comprenez les subtilités du goût des différentes substances, choisissez une bonne eau minérale, adaptez la température, optez pour le meilleur mode de préparation, sélectionnez une tasse aux bords fins en porcelaine. Apprenez à vous construire un nouvel univers de plaisir et de jouissance rien que pour vous. À peu de frais, vous découvrirez des sensations subtiles et délicates... encore faut-il savoir les apprécier. Se concentrer sur ce que l'on fait, uniquement sur le moment présent, permet de se recentrer sur soi-même et de s'ouvrir davantage aux plaisirs. Ce qui est vrai pour une tasse de café l'est aussi pour bien d'autres moments de la vie. Il s'agit de se focaliser sur l'instant et de savoir choisir les moindres détails qui améliorent les sensations de bien-être. C'est aussi une excellente méthode pour apprendre à perdre du poids sans effort. Si vous avalez mécaniquement votre repas en pensant à autre chose, vous risquez d'absorber trop d'aliments. Si au contraire, à chaque bouchée, vous êtes capable de savoir pourquoi vous désirez la suivante, vous régulerez très vite votre courbe pondérale. Il n'y a rien de plus triste – et de mauvais pour la santé – que de prendre des calories et des kilos pour des plats qui n'en valaient vraiment pas la peine.

CHAPITRE 2

DYNAMISER SON ORGANISME

« L'humanité se divise en trois catégories :
ceux qui ne peuvent pas bouger, ceux qui
peuvent bouger, et ceux qui bougent. »

BENJAMIN FRANKLIN

Maintenant que vous avez jeté à la poubelle quelques idées reçues sur l'alimentation, il s'agit de contrôler votre poids, afin de booster votre organisme et faire le plein d'énergie. Ce n'est pas toujours facile tant nos vies sont stressantes et sédentaires. Pour cela, il n'y a qu'un secret : bouger ! L'activité physique est aussi essentielle que de se brosser les dents. En effet, une activité régulière permet de diminuer de 38 % toutes les causes de mortalité confondues, avec des effets plus marqués sur certaines maladies (les pathologies cardiovasculaires, par exemple). Elle permet également de lutter contre l'obésité et le vieillissement. Pour les plus hardis d'entre vous, une façon complémentaire et tout à fait surprenante pour contrôler votre poids et rajeunir votre organisme est la pratique – encadrée – du jeûne.

• LES BIENFAITS DE L'ACTIVITÉ PHYSIQUE

Les dangers de la sédentarité

C'est un fait établi : nous consommons quotidiennement trop de calories et la sédentarité n'arrange pas les choses. Dans notre pays, un homme consomme en moyenne 2 500 calories par jour et une femme 2 200 calories. En revanche, il a été observé sur l'île d'Okinawa au Japon, réputée pour son taux record de centenaires, que ses habitants consommaient en moyenne 600 calories de moins que le reste de la population. Quand on sait qu'un excès de seulement 100 calories chaque jour représente 3 kilos en plus à la fin de l'année sur la balance, on comprend toute l'importance du sujet. Mais attention, il ne suffit pas d'être mince pour être en bonne santé. C'est l'exercice physique régulier qui fera la différence. En effet, l'activité physique participe activement au maintien de la perte de poids après un régime en luttant contre l'effet yo-yo. C'est un atout de taille, quand on sait que 95 % des sujets qui font un régime amaigrissant regrossissent dans les deux ans qui suivent.

Mais attention, ce n'est pas forcément le chiffre affiché sur la balance qui est important. En effet, les muscles sont plus lourds que la graisse. À taille égale, une personne musclée présentera un poids supérieur à une autre enrobée de graisse. L'erreur souvent commise est de penser que faire du sport fait maigrir. C'est un complément utile dans une démarche globale pour prendre en charge la bonne santé de son corps. Cela fait peu de temps que l'on a découvert les bienfaits réels du sport sur la santé. Les dernières avancées scientifiques ont permis de connaître les effets précis de l'activité physique sur la santé, les sports qu'il convient de pratiquer et à quelle fréquence pour une efficacité optimale.

La prévention des maladies

L'activité physique régulière est avant tout efficace au niveau de la prévention des maladies cardiovasculaires. Pour comprendre cet effet positif, les chercheurs ont pratiqué différentes études qui ont mis en évidence plusieurs niveaux d'action. Lorsque le cœur doit produire un effort physique, la demande en oxygène augmente. Pour répondre à cette demande, la fréquence cardiaque est accélérée afin de produire un meilleur débit sanguin. C'est le cœur qui fournit l'oxygène au corps par le biais des globules rouges. Lorsque la fréquence cardiaque augmente, l'organisme consomme donc plus d'oxygène. L'oxygène est nécessaire mais, en même temps, il agit sur le corps humain comme une sorte de poison, provoquant une usure des cellules. C'est comme une voiture qui consomme trop d'essence et qui fera moins de kilomètres à l'arrivée. En habituant progressivement son cœur à travailler à des fréquences plus élevées, on favorise une diminution de la fréquence cardiaque au repos. C'est pour cette raison que les sportifs ont des cœurs plus lents. Il a par ailleurs été démontré qu'une fréquence plus lente du cœur est bénéfique pour la santé. Pour rester dans la métaphore de la voiture, vous pouvez imaginer un moteur qui s'économise en tournant plus lentement.

La baleine bleue : une certaine idée de l'éternité

La baleine bleue est de très loin le plus gros animal qui vit à notre époque. Elle est réputée pour sa longévité, de 80 ans en moyenne mais pouvant atteindre jusqu'à 130 ans. Elle peut dépasser 30 mètres de long et peser jusqu'à 180 tonnes (alors qu'un dinosaure pesait environ 90 tonnes). Ce qui est particulièrement intéressant, c'est la relation entre le poids de l'animal et sa longévité. Il a souvent été établi que plus la taille d'un animal augmente, plus ses chances de longévité sont nombreuses. C'est l'inverse de l'homme, pour lequel la surcharge pondérale diminue nettement l'espérance de vie. Quand on regarde de plus près la physiologie de la baleine, on remarque que son cœur bat excessivement lentement : 8 pulsations par minute lorsqu'elle se trouve en surface et la fréquence peut descendre à 4 pulsations par minute lorsque l'animal se trouve en profondeur.

Il ne faut pas pour autant vous affoler si votre cœur bat trop vite au repos. La fréquence cardiaque moyenne se situe autour de 60 battements par minute. Si cette fréquence est trop élevée – on appelle cela une tachycardie –, votre médecin pratiquera un bilan pour en rechercher la cause. Les causes d'une tachycardie sont multiples. Occasionnellement, elle est provoquée par les efforts physiques, la fièvre, l'excès de boissons alcoolisées, le stress, la déshydratation, la prise d'excitants, les hyperthyroïdies… En dehors de ces causes qui ne sont pas d'origine cardiaque, il en existe d'autres purement cardiaques, qui vont de l'insuffisance cardiaque à l'embolie pulmonaire. Si votre médecin traitant conclut que vous n'avez rien de tout cela mais que votre fréquence au repos est tout de même un peu trop rapide, il existe un excellent traitement pour ralentir ce rythme et gagner en longévité : l'exercice physique quoti-

---

Le cholestérol

Le cholestérol est une substance grasse essentielle à l'orga-nisme, qui intervient dans la composition des membranes de nos cellules et la synthèse de certaines hormones (dont sexuelles) et de la vitamine D. Le cholestérol est produit essentiellement par le foie (environ les deux tiers) et le reste est apporté par l'alimentation.

---

dien, à raison de trente à quarante minutes par jour, comme la marche rapide, le vélo ou la natation...

L'activité physique brûlant du sucre et des graisses, les taux de sucre et de mauvais cholestérol dans le sang vont ainsi diminuer, réduisant les plaques d'athérosclérose qui bouchent progressive-ment les artères et sont à l'origine des accidents vasculaires céré-braux avec des risques d'hémiplégie, d'infarctus du myocarde, ou d'artérite des membres inférieurs. Il a été observé qu'une pratique physique régulière réduisait de 60 % la prédisposition au diabète gras. Enfin, la demande d'augmentation du débit cardiaque a un autre effet vertueux au niveau de la pompe cardiaque. À côté des artères coronaires, qui ont pour mission de bien irriguer le cœur, de petits vaisseaux vont se former progressivement pour améliorer le flux sanguin. C'est un véritable circuit parallèle qui se déve-loppe, constituant ainsi une sorte de groupe électrogène de secours dont la présence sera fondamentale au cas où une occlusion sur-viendrait sur l'un des « tuyaux principaux ». Le cœur régulière-ment entraîné fatigue moins, est plus efficace et se protège mieux contre les risques d'infarctus du myocarde.

Les effets bénéfiques de l'activité physique ont également été notés sur la diminution de la fréquence de certains cancers, comme ceux du côlon, de la prostate ou du sein. Mais la découverte récente la plus surprenante concerne la maladie d'Alzheimer. Cette pathologie, dont la fréquence ne cesse d'augmenter, ne bénéficie pas pour l'instant de traitement médical pour en stopper la redoutable évolution. Il a été cependant observé que le sport contribuait à améliorer la circulation cérébrale en provoquant une meilleure oxygénation du cerveau. Les exercices physiques sont aussi efficaces pour la mémoire que des efforts cérébraux. L'activité sportive favorise la production de nouveaux neurones entraînant ainsi une amélioration de l'apprentissage et de la mémoire. Le résultat a pour effet de retarder de façon significative l'apparition de cette terrible maladie.

Où et comment pratiquer un sport ?

Une fois que l'on a bien compris les liens entre l'activité physique quotidienne et la santé, reste la mise en pratique. Et c'est là que le bât blesse ! Combien d'entre nous prennent en début d'année de bonnes résolutions et n'arrivent pas à s'y tenir : abonnement à des salles de gym où nous ne mettons jamais les pieds, appareil pour faire du sport à la maison rapidement relégué à la cave... Les excuses que l'on se fait à soi-même sont toujours les mêmes : je n'ai pas le temps, quand je serai en vacances, je m'y mettrai... et ainsi de suite. Cette stratégie de remettre à demain finit par provoquer des dégâts sur notre santé. Par conséquent, il faut s'y mettre tout de suite. La grande question qui se pose est donc de savoir quel sport pratiquer et à quelle fréquence. Si vous n'avez vraiment pas de temps à consacrer à un sport en particulier, je vous recommande de pratiquer des activités simples et peu coûteuses, comme la marche rapide, le vélo ou la course à pied. Le plus évident est sans doute la marche rapide mais attention, il ne faut pas la pratiquer n'importe comment. Pour que cela soit efficace, il faut

---

Le diabète

Le diabète est un dysfonctionnement de l'assimilation et de la régulation du sucre (glucose) apporté par l'alimentation dans l'organisme. Lorsque nous mangeons, nous absorbons du sucre, qui est la principale source d'énergie pour permettre au corps de fonctionner. Chez un sujet normal, c'est l'insuline, produite par le pancréas, qui se charge de diffuser le sucre dans notre corps et de réguler son taux dans le sang (glycémie). Le taux normal de glycémie est de 0,70 à 1,10 g/l. Chez des personnes diabétiques, ce circuit ne fonctionne plus et le sang contient trop de sucre (hyperglycémie). On distingue deux sortes de diabètes : le diabète de type I, dit insulinodépendant, qui touche les sujets jeunes et dans lequel le corps ne fabrique pas d'insuline ; et le diabète de type II, dit non insulinodépendant ou diabète gras, qui touche les sujets plus âgés et dans lequel l'insuline est produite mais n'agit pas suffisamment. Le diabète gras est le plus fréquent (85 % des diabétiques) et concerne souvent des sujets en surpoids et sédentaires.

---

marcher 3 kilomètres en trente minutes sans s'arrêter. Les vingt premières minutes, on brûle du sucre, ce qui n'est pas le point le plus important – même si le gain sera toujours bénéfique pour votre santé. L'essentiel se passe pendant les dix ou vingt minutes qui suivent, au cours desquelles vous brûlez les mauvaises graisses. Cet exercice reste difficile à pratiquer en ville où l'on doit s'arrêter régulièrement aux feux rouges ou tout simplement parce que les trottoirs sont encombrés.

Si vous ne pouvez pas faire du vélo, de la course à pied ou de la marche rapide, une simple paire d'haltères suffit et produit les mêmes effets bénéfiques. En effet, des chercheurs aux États-Unis viennent de mettre en évidence l'impact de cette pratique sur la santé. Les résultats montrent qu'avec deux heures et demie d'efforts des bras par semaine avec de petits haltères – vous en trouverez facilement en grande surface –, les sujets diminuaient de 34 % la probabilité de survenue d'un diabète gras (voir encadré *infra*). L'explication est simple : les muscles sont de gros consommateurs de sucre ; plus ils sont développés, plus le sucre est brûlé.

Les miracles de l'escalier

Si vous êtes totalement rétif à toute activité physique, vous ne vous en tirerez pas comme ça ! Car il existe une autre solution simple, à la portée de tous, pour faire quotidiennement du sport en douceur : l'escalier. L'équipe du Pr Meyer, à l'hôpital de Genève, a conduit une étude pour savoir si le fait de monter ou de descendre des escaliers était réellement bénéfique sur la santé (Meyer *et al.*, 2010). Pour cela, il a étudié 77 personnes pendant trois mois, en leur demandant de monter et de descendre tous les jours 21 étages. Les résultats ont largement dépassé les espérances scientifiques quant à l'efficacité de cette pratique. Monter et descendre les escaliers fait réellement maigrir. La perte de poids notée était en moyenne de 550 grammes chez les participants, avec une diminution du périmètre abdominal de 1,5 centimètre. Quand on sait le lien direct qu'il existe entre les maladies cardiovasculaires et le tour de taille, on comprend toute l'importance de ce résultat. Dès qu'une personne monte ou descend un escalier, le compteur à calories se met à tourner dans le bon sens : 0,11 calorie pour chaque marche montée et 0,05 calorie pour chaque marche descendue. Une personne qui monte et descend les marches pendant quinze minutes par jour perd 150 calories en moyenne et en une demi-heure 300 calories, soit la valeur calorique d'un croissant, si elle le fait pendant trente minutes. Une personne qui monte et descend l'équivalent de 21 étages par jour maintient son poids de façon durable au minimum deux kilos en dessous de son poids initial. Et même les plus paresseux sont récompensés : en effet, ceux qui prennent l'ascenseur et redescendent à pied perdent au moins un kilo par an.

Les bénéfices santé des escaliers ne s'arrêtent pas là, puisqu'ils sont également reconnus dans la prévention des maladies cardiovasculaires. La première étude qui a mis cet élément en évidence a été publiée en 1953 dans une revue scientifique prestigieuse, *The Lancet*, mais elle était passée inaperçue. Elle portait sur les conducteurs et contrôleurs de bus dans la ville de Londres. Les autobus rouges de cette ville sont tous composés de deux étages. Le conducteur passe ses journées assis, le contrôleur monte et descend l'escalier huit heures par jour. L'étude a montré que les contrôleurs faisaient moitié moins de maladies cardiovasculaires que les chauffeurs du fait de cette activité physique quotidienne. Le Pr Morris, initiateur de cette étude, indiqua alors qu'il pensait que la montée en puissance des maladies cardiovasculaires était en étroite relation avec notre mode de vie.

Par la suite, d'autres études scientifiques ont permis de comprendre le pourquoi et le comment des ressources santé des escaliers. En fait, chez les sujets qui décident de ne pas prendre les ascenseurs et de monter les étages, il a été constaté une baisse significative de la pression artérielle. Il faut noter qu'au moment de la montée, la tension artérielle augmente mais, à l'arrêt, elle diminue et se fixe à un niveau plus bas chez les sportifs de l'escalier. L'hypertension artérielle étant un véritable fléau qui favorise la survenue de maladies comme des infarctus du myocarde ou des hémiplégies, on comprend tout l'intérêt de pratiquer une activité qui diminue la pression dans les artères. Dans l'étude suisse du Pr Meyer, les participants ont bénéficié en moyenne d'une baisse de 1,8 % de leur pression artérielle. Cet exercice a également contribué à une baisse de 3 % du cholestérol qui bouche progressivement les artères. La capacité respiratoire a été augmentée de 6 % au bout de trois mois, ce qui est excellent pour une meilleure oxygénation des tissus.

L'activité physique quotidienne est donc une obligation, je dirais presque un droit de vie pour rester en bonne santé. Comme je le précisais en introduction, trente minutes d'exercice par jour diminuent de 40 % toutes les causes de mortalité, qu'il s'agisse des maladies cardiovasculaires, des cancers ou de la maladie d'Alzheimer. Tout cela peut être obtenu simplement en utilisant les escaliers de son immeuble ou de son bureau. Faites le compte. En une journée, on parvient sans difficulté à 21 étages. Augmenter sa capacité physique et respiratoire, baisser sa pression artérielle et son mauvais cholestérol, perdre de la graisse et du tour de ventre de façon durable, c'est une récompense qui attend ceux qui renoncent aux ascenseurs et escalators. L'enjeu est trop important pour perdre une seule minute avant de commencer.

• JEÛNER... POUR RESTER JEUNE

Au plus profond de nos cellules se cache une fonction étonnante, qui permet à l'organisme de rajeunir, comme s'il s'auto-renouvelait. Ce pouvoir peut se réveiller par une façon de s'alimenter particulière : le jeûne intermittent.

Un pouvoir très ancien

Tout a commencé il y a des milliers d'années, quand l'homme vivait de chasse et de cueillette et qu'il devait faire face au froid, au danger et à des périodes de disette. L'organisme s'est alors adapté en sachant biologiquement faire face à la pénurie et en jeûnant naturellement de façon intermittente. Le corps humain de nos ancêtres savait puiser dans les graisses le carburant nécessaire à une vie en bonne santé, quelles que soient les conditions extérieures. Dans ces temps anciens, un homme de 70 kilos et de 1,70 mètre pouvait tenir quarante jours en puisant dans ses 15 kilos de réserve de graisses. Certains animaux du pôle Nord, comme les manchots, ont conservé cette capacité de résistance en jeûnant plusieurs mois au froid et en vivant sur leurs réserves de graisses.

Comme un signal émis du fond de la nuit des temps, de nombreuses religions perpétuent la tradition du jeûne à l'occasion de certaines périodes de l'année, rappelant à l'homme le pouvoir secret enfoui en lui.

Selon les croyances, le jeûne est présenté de façon différente. Dans la religion catholique ou orthodoxe, il s'inscrit dans une notion de pénitence pour se rapprocher de Dieu. Le jeûne est une privation volontaire de nourriture. Dans certains cas, le fidèle ne prend qu'un seul repas par jour, dans d'autres, certains aliments sont interdits comme la viande. Dans la religion islamique, le jeûne correspond à une période d'amélioration et de remise en question de soi. Il existe le Kippour chez les juifs et, chez les hindous, le onzième jour de chaque cycle lunaire. Dans tous ces cas, le jeûne s'inscrit dans une pratique spirituelle pour amener les fidèles à se rapprocher de Dieu. Les religions montrent à l'homme que le jeûne est possible et ne crée pas de problème particulier. Il faut noter que toutes les religions excluent de cette pratique les sujets malades, les enfants ou les femmes enceintes.

En pratique, l'organisme a donc su, au fil des siècles, s'adapter parfaitement au manque de nourriture. Notre matériel biologique est prévu pour le manque mais aujourd'hui, on ne sait plus faire face à l'excès. L'abondance est ennemie de notre santé. Pour aggraver la situation, la dépense physique, qui était l'activité principale pour se nourrir, s'est réduite à une peau de chagrin avec la sédentarité. Et pourtant, les mécanismes protecteurs sommeillent au plus profond de nos cellules, comme un trésor secret confié par nos aïeux. Des découvertes récentes viennent de mettre en évidence le fait que le jeûne intermittent pouvait justement réactiver ces processus anciens.

Les bienfaits du jeûne

Tout d'abord, il faut faire une différence entre le jeûne total, qui peut être un jeûne politique (grève de la faim) pouvant durer plusieurs semaines, et le jeûne religieux ou intermittent. Les mécanismes biologiques qui interviennent sont radicalement différents.

Le jeûne intermittent consiste à se priver volontairement de nourriture pendant un temps précis et une période déterminée. Pendant la période de jeûne, le sujet peut boire à volonté de l'eau ou des boissons sans calories. *Dans tous les cas, la personne devra consulter son médecin traitant pour vérifier son aptitude à la pratique du jeûne.* Le jeûne commence à partir de la sixième heure après le dernier repas, et c'est pendant les heures qui vont suivre que des mécanismes biologiques nouveaux vont s'activer.

Il existe différents schémas de jeûne, pouvant aller de seize à vingt-quatre heures d'abstinence, sur une période allant d'un jour sur deux à un jour par semaine ou un jour de jeûne tous les dix jours. Il est surprenant de constater que les effets positifs du jeûne intermittent ne portent pas seulement sur la perte de kilos superflus, mais aussi sur des maladies inflammatoires comme les rhumatismes, les allergies et l'asthme. L'interruption volontaire de nourriture pendant des périodes s'étalant de seize à vingt-quatre

Le renouvellement des cellules

Notre corps est une usine en perpétuel mouvement. Parmi les 60 000 milliards de cellules qui le composent, une fraction importante se renouvelle chaque jour. Chaque cellule, globule rouge ou cellule de l'estomac, a son propre rythme de remplacement. Le point clé est le nombre d'erreurs des cellules qui, en se recopiant pour se remplacer, est progressivement plus élevé avec l'âge. Une cellule mal copiée peut devenir une cellule cancéreuse qui à son tour sera à l'origine d'autres cellules présentant les mêmes anomalies. Plus on avance en âge, plus le risque de mauvaise copie est élevé. C'est pour cette raison que les mêmes facteurs de risque n'ont pas le même impact en fonction de l'âge. Entre un jeune de 20 ans qui fume pendant un an un paquet de cigarettes par jour et un sujet de 70 ans qui fait la même chose, la zone de risque est différente. Les mécanismes de copie du sujet le plus âgé sont beaucoup plus vulnérables.

heures réactive une mémoire biologique ancienne qui savait gérer le manque de nourriture par la mise en place de mécanismes de protection. Ce qui apparaît très surprenant, c'est la différence d'action entre la restriction calorique banale, qui consiste à diminuer quotidiennement ses apports alimentaires, et le jeûne intermittent, qui conduit à des périodes d'abstinence alimentaire.

De nombreux pays se sont lancés dans la pratique de ce jeûne intermittent sous contrôle, en particulier en Allemagne. Les équipes médicales qui travaillent depuis plusieurs décennies dans ce domaine mettent en avant plusieurs phénomènes. D'une part, le jeûne déclenche une légère augmentation d'adrénaline et de noradrénaline qui génèrent une vigilance accrue, et ceci après seulement douze heures. Le sujet se concentre mieux et réfléchit plus vite. C'est certainement une résurgence de ce que vécurent nos ancêtres qui chassaient avec efficacité malgré le jeûne. D'autre part, les médecins allemands considèrent que ce type de jeûne augmenterait l'espérance de vie et la résistance à de nombreuses pathologies. Ils partent de l'hypothèse que, lorsque l'organisme contient des cellules endommagées, il choisit la facilité en les détruisant puis en les remplaçant, ce qui accélère le vieillissement. En période de jeûne intermittent, l'organisme réagirait différemment en réparant les cellules au lieu de les éliminer. Il s'agit d'un mécanisme qui économise de l'énergie tout en réduisant les risques de faire une mauvaise copie de l'ADN, surtout chez les sujets qui avancent en âge. Ils ont aussi noté que le jeûne intermittent induisait une glycémie plus basse et diminuait les facteurs de résistance à l'insuline. Enfin, les chercheurs ont remarqué que ce mode d'alimentation diminuait également la production de radicaux libres (molécules d'oxygène instables qui tentent de se lier à d'autres cellules pour se compléter et favorisent ainsi l'usure de nos cellules, un peu comme de la rouille), ne serait-ce que par la diminution des apports alimentaires.

Les jeûnes intermittents de nombreuses religions nous ouvrent en tout cas une piste de réflexion nécessaire. Les travaux du Pr Berigan aux États-Unis sont particulièrement intéressants concernant l'impact du jeûne intermittent sur la fréquence des cancers. Le chercheur a sélectionné des souris avec une durée de vie courte car elles avaient subi la suppression d'un système diminuant naturellement la fréquence des cancers (protéine 53). Il a constaté que, dans le groupe des souris soumis à un jour de jeûne par semaine, la fréquence des cancers diminuait de 20 % par rapport au groupe qui avait une alimentation quotidienne. Ces résultats mettent en avant des modifications biologiques correspondant à l'activation de véritables systèmes de réparation cellulaire. Les travaux ont mis en évidence la notion d'une fréquence hebdomadaire pour voir apparaître des résultats significatifs.

Proteus anguinus, le poisson humain qui peut tenir dix ans sans manger

C'est un étrange batracien qui a une taille d'environ 20 à 40 centimètres et pèse de 15 à 20 grammes. On le nomme poisson humain en raison de sa peau qui ressemble à celle de l'homme. Il peut atteindre 100 ans, ce qui est inhabituel pour ce type d'animal, mais surtout, il sait résister à des situations qui tuent normalement tous les êtres vivants. Ainsi, il peut tenir dix ans sans rien manger et il réussit à vivre pendant trois jours sans oxygène ! Il faut dire aussi qu'il sait s'économiser : en situation normale, il ne s'active que cinq minutes par jour. Deux équipes françaises se sont penchées tout particulièrement sur ces capacités étonnantes. Il apparaît que cet animal aurait en fait la faculté de parfaitement gérer ses réserves énergétiques. Il sait utiliser au mieux son énergie, tout en produisant peu de déchets. Dans toutes les cellules, aussi bien celles de l'homme que celles de cet étrange poisson, il existe de véritables petites centrales énergétiques appelées mitochondries, qui ont pour mission de nous apporter de l'énergie. Le rendement des mitochondries de cet animal est exceptionnel. Les mitochondries fournissent l'ATP (adénosine triphosphate) qui permet de réaliser les réactions chimiques vitales pour l'organisme en utilisant très peu d'oxygène. C'est alors un cercle vertueux qui se crée : en utilisant peu de carburants, peu de déchets sont rejetés dans l'organisme qui encrassent moins les filtres naturels chargés de dépolluer le corps de l'animal. Le secret de la longévité du poisson humain résiderait donc dans sa disposition à tirer un maximum d'énergie du moindre apport tout en produisant peu de déchets qui usent prématurément les cellules. C'est en fait une sorte de maître de l'écologie et du développement durable qui démontre tout l'intérêt de cette dimension à la fois sociale et scientifique.

Le jeûne en pratique

En fonction des personnes, la durée et la manière de jeûner seront très différentes. Sont exclus de cette pratique les sujets qui souffrent d'hypoglycémie, car le jeûne peut alors provoquer des malaises, des sensations de vide dans la tête, des sueurs ou de la fatigue. Les personnes qui présentent ces troubles savent très bien qu'elles ne tiennent pas longtemps sans manger. Bien évidemment, il faut dans tous les cas le feu vert du médecin traitant pour la pratique du jeûne intermittent.

Le jeûne intermittent dure habituellement de seize à vingt-quatre heures. En pratique cela revient, par exemple, à ne prendre qu'un seul repas dans la journée. Dans tous les cas, il est impératif de boire abondamment de l'eau ou des boissons n'apportant pas de calories. Certaines personnes tiennent sans problème vingt-quatre heures, d'autres seize heures ou moins. Chacun doit trouver le rythme qui lui convient le mieux. Certains vont prendre un seul repas dans la journée mais vont consommer un fruit le matin. D'autres arrivent facilement à se passer du sandwich avalé en cinq minutes le midi, sans même s'en apercevoir. Contrairement à ce que l'on pourrait penser, le fait de choisir une journée de la semaine où l'on est très occupé rend les choses beaucoup plus faciles qu'une journée où l'on tourne en rond à la maison autour du réfrigérateur. J'attire votre attention sur un point : il faut éviter que le premier repas qui suit le jeûne intermittent soit un véritable déluge calorique. La méthode pour éviter cela est simple. Il suffit de prévoir et d'organiser le menu que l'on prendra lors de ce premier repas et de ne rien changer.

J'ai été surpris par les récits de nombreuses personnes qui pratiquaient ce jeûne intermittent. Beaucoup ont noté une absence de sensation de faim. Elles ont réalisé qu'elles se mettaient à table tous les jours presque mécaniquement, parce que c'était l'heure mais qu'elles n'avaient pas réellement faim. Pour elles, la vraie sensation de faim se produisait beaucoup plus tard. Bon nombre de mes patients ont noté d'importants bénéfices à cette pratique : ils se sentent moins fatigués, plus rapides intellectuellement, avec plus d'énergie, le teint plus clair, moins de maux de tête, plus toniques... Globalement, beaucoup de sensations positives avec la perception d'un mieux-être.

Le jeûne intermittent permet à l'organisme de régénérer et de réactiver des mécanismes de réparation cellulaire en sommeil. C'est aussi une façon de ralentir les effets du temps pour vivre plus longtemps en meilleure santé. Après avoir consulté votre médecin, je vous conseille d'essayer et de juger par vous-même les effets ressentis.

CHAPITRE 3

AMÉLIORER SON SOMMEIL

« Ronfler, c'est dormir tout haut. »

JULES RENARD

Le sommeil est la base essentielle d'une bonne santé. Physiologiquement, il permet à l'organisme de se régénérer et psychologiquement, il aide à évacuer les tensions et les pensées inconscientes par l'intermédiaire des rêves. Le nombre d'heures de sommeil dont nous avons besoin varie d'un individu à l'autre mais, globalement, on s'accorde à dire qu'en dessous de sept heures, on est en manque de sommeil. Les Français dorment en moyenne sept heures et treize minutes[1]. De même, une nuit entrecoupée de réveils fréquents sera moins efficace qu'une plage de sommeil effectuée d'une seule traite. Pourtant, nous restons de gros consommateurs de somnifères et environ un Français sur trois estime qu'il ne dort pas assez. Outre des difficultés de concentration et une sensation désagréable d'être « dans le coton », un sommeil de mauvaise qualité provoque un état de fatigue chronique qui ouvre la porte à de nombreuses pathologies psychologiques (stress, dépression...) ou physiques (maladies cardiovasculaires, diabète de type II, obésité...).

---

[1] Source : étude INPES, 2010.

• FAVORISER L'ENDORMISSEMENT

Les réflexes de base

Le sommeil est essentiel pour régénérer son cerveau. Afin de mettre toutes les chances de votre côté pour passer une bonne nuit, il suffit d'appliquer quelques conseils de bon sens :

• Vous éviterez évidemment pour le dîner les repas trop copieux ou de faire de la gymnastique juste avant de dormir.

• Je vous conseille de dîner relativement tôt, de façon à ce que le processus de digestion soit déjà bien engagé au moment du coucher. Vous avez déjà pu constater à quel point vous dormez mal après un repas arrosé et tardif.

• Il faut veiller à ce que la chambre soit silencieuse, bien aérée et surtout pas trop chaude. En effet, une température corporelle de quelques centièmes trop élevée perturbe l'endormissement. La température idéale de la chambre – qui doit être bien aérée – se situe entre 16 et 20 degrés.

• L'heure qui précède l'endormissement sera de préférence consacrée à des activités calmes et non perturbantes. Il est donc mieux d'éteindre les écrans (ordinateurs, télé…) et de se consacrer à des loisirs qui favorisent la sérénité : lecture, musique, câlins…

• De même, vous constaterez les bienfaits de vous coucher à peu près tous les jours à la même heure.

En favorisant ces rituels du coucher, vous habituerez votre organisme à mieux distinguer les phases d'activité et de sommeil.

Le jus de cerise, un somnifère naturel

Des scientifiques anglais viennent de montrer les effets étonnants du jus de cerise sur l'endormissement. Le jus de cerise agit en augmentant le taux de la mélatonine sécrétée la nuit et favorise les rythmes du sommeil. En buvant seulement 30 millilitres de jus de cerise deux fois par jour, les volontaires ont constaté que la durée de leur sommeil avait augmenté de vingt-cinq minutes au bout d'une semaine. Le kiwi présente aussi des effets bénéfiques. Pour ma part, je préfère largement un cocktail kiwi et jus de cerise pour passer une bonne nuit plutôt que des somnifères qui produisent un sommeil de mauvaise qualité avec un réveil pâteux...

L'éclairage

Autant que possible, il faut essayer de faire le noir complet dans votre chambre. Si cela n'est pas possible, n'hésitez pas à acheter un masque occultant en pharmacie. Une équipe scientifique américaine a mis en évidence, chez le hamster, le fait que l'exposition à un éclairage artificiel nocturne provoque des comportements dépressifs. L'explication est simple : comme chez les humains, l'exposition lumineuse nocturne provoque des modifications hormonales et a une incidence sur les neuromédiateurs cérébraux. Depuis cinquante ans, le taux de dépression ne cesse d'augmenter, ce qu'on peut mettre en partie en corrélation avec nos environnements de plus en plus éclairés artificiellement (écrans, enseignes, panneaux...). D'autres études pratiquées chez le hamster ont également mis en évidence une augmentation des états dépressifs et souvent de l'obésité, liée à ces sources lumineuses émises pendant le sommeil. La dernière étude de ce type sur le hamster a permis l'identification d'une protéine spécifique qui expliquerait le lien entre l'éclairage de nuit et la dépression. En effet, dans l'étude, le blocage de cette protéine a protégé de la dépression les hamsters exposés à la lumière pendant la nuit. En conclusion, chassez de votre chambre à coucher toutes les sources de pollution lumineuse nocturne, même minimes, comme le point lumineux d'une console, d'un téléphone portable en charge ou d'une télévision en veille. Vous ferez des économies d'électricité et vous vous réveillerez plein de joie de vivre le matin.

Dormir du bon côté

Il existe un vieux proverbe qui dit « comme on fait son lit, on se couche ». C'est vrai au sens propre comme figuré. Selon que l'on dorme du côté droit ou gauche, sur un matelas avec ou sans ressorts, avec une couverture chauffante ou une simple petite veilleuse dans la chambre, notre état de santé sera différent. Les études scientifiques sur les nourrissons ont ouvert la voie. Il suffit de faire dormir un bébé sur le dos et non pas sur le ventre pour que la fréquence de mort subite du nourrisson diminue considérablement. Les adultes, quant à eux, doivent découvrir seuls leur bonne position. Il n'est jamais trop tard pour bien faire !

Une chaîne d'hôtels anglaise a effectué un sondage auprès de 3 000 de ses clients pour savoir si le fait de dormir à droite ou à gauche avait une incidence sur le bien-être. Les résultats ont montré que les personnes qui dormaient du côté gauche étaient de meilleure humeur au réveil, moins stressées et plus optimistes. Les chiffres ont ainsi montré que 25 % des sondés qui passaient la nuit du côté gauche avaient une vision positive de la vie au réveil contre 18 % de ceux qui dormaient du côté droit. Certains psychologues comportementalistes se sont penchés sur la question. Ils estiment que, lorsqu'un homme dort à gauche du lit, il est de nature protectrice et réaliste, et lorsque la femme dort à droite, elle est plus romantique et affective. Mais c'est aussi une question de civilisation. Dans la culture chinoise et dans l'approche *feng*, passer la nuit à droite est en jonction avec le *yang* masculin, synonyme de responsabilité et d'action, la gauche représentant le *yin* de la femme correspondant à la réceptivité.

La recherche de la bonne position au lit a donné lieu à de nombreuses études scientifiques qui ont provoqué des changements profonds dans les recommandations médicales. Pendant des décennies, on considérait à tort qu'il fallait faire dormir les bébés sur le ventre. On pensait en effet que cette position permettait d'éviter l'étouffement en cas de reflux. Aujourd'hui, les choses ont changé et les médecins conseillent tous de faire dormir les bébés sur le dos car cette position diminue nettement les risques de mort subite du nourrisson. Il suffit de penser à un bébé recouvert par sa couverture s'enfonçant dans un matelas trop mou pour comprendre que, dans ce cas, c'est l'oxygène qui fera défaut. Si le nourrisson a tendance à avoir des reflux, il suffit de placer un gros livre sous la tête du lit pour surélever légèrement le matelas. Je recommande également aux adultes qui souffrent d'une hernie hiatale avec des remontées acides de ne surtout pas se coucher tout de suite après le repas mais d'attendre au moins deux heures. Pour ceux qui aiment néanmoins regarder la télé au lit, il est préférable d'utiliser deux ou trois oreillers pour se placer en position semi-assise.

L'étude la plus étonnante vient du Pr Halberg en Suède, qui a recherché l'incidence sur la fréquence des cancers en fonction de la position nocturne. Il s'est interrogé sur le pourquoi de l'apparition de certains cancers d'un côté plutôt que de l'autre

---

Le cas de la couverture électrique

Même un objet banal comme une couverture électrique peut à la longue jouer sur la santé. Le Pr Abel, aux États-Unis, a étudié les liens inattendus entre les couvertures chauffantes et les cancers de l'utérus. Il a remarqué que les femmes qui utilisaient des couvertures électriques la nuit pendant plus de vingt ans présentaient un taux plus important de cancers de l'utérus. L'usage de ces couvertures est peu répandu en France mais beaucoup plus fréquent dans les pays anglo-saxons. Il est évident qu'une utilisation occasionnelle ne présente aucun danger mais l'usage répété de ce mode de chauffage n'est pas anodin. Pour l'instant, aucune cause n'a pu être mise en évidence pour expliquer ce curieux phénomène.

---

du corps humain. Il s'est particulièrement intéressé à deux types de cancers : les cancers du poumon et les cancers de la peau chez les hommes et les femmes. Son étude révèle une fréquence plus importante de ces deux cancers du côté gauche du corps et il en a recherché l'explication. Il a été particulièrement surpris par le fait que des zones habituellement peu exposées au soleil – connu comme étant un facteur de risque des mélanomes de la peau – présentaient paradoxalement une fréquence plus importante de ces cancers : les hanches et les cuisses pour les femmes, et le tronc pour les hommes. Il a remarqué par ailleurs que cette différence entre le côté gauche et droit et la localisation atypique des mélanomes ne se retrouvait pas au Japon.

Dans d'autres études, les scientifiques ont observé que nos matelas contiennent des ressorts métalliques qui offrent une zone de réflexion des champs électromagnétiques, contrairement au Japon, où les modes de couchage sont différents. Les futons sont posés à même le sol et ne sont jamais composés de structures métalliques. Les scientifiques estiment que les ressorts du lit constituent une zone de réception des champs électromagnétiques sur lesquels les sujets sont exposés pendant de longues périodes nocturnes. Les chercheurs considèrent ainsi que les parties du corps (tronc chez les hommes, membres inférieurs et hanches pour les femmes) qui paradoxalement ont une fréquence de mélanomes supérieure à celle de zones exposées au soleil, comme le visage, peut s'expliquer par l'exposition nocturne aux champs électromagnétiques générés par les ressorts du matelas.

• SE LEVER DU BON PIED

Quand on se lève tôt,
on est plus mince et plus heureux

Une équipe de chercheurs anglais a comparé deux groupes de personnes : un premier groupe qui se levait à 7 h 47 et un second groupe qui se levait à 10 h 09. L'étude portait sur 1 000 sujets et utilisait deux types de mesures : des échelles psychologiques pour définir le niveau de bien-être des participants, et le poids et la taille pour évaluer la surcharge pondérale. Ils ont remarqué que les « lève-tôt » étaient en meilleure santé, plus minces et plus heureux. Les scientifiques ont noté par ailleurs que les matinaux prenaient plus volontiers un bon petit déjeuner qui leur permettait de faire le plein d'énergie et de moins grignoter dans les heures qui suivaient. Les horloges internes du corps déclenchent la sécrétion de certaines hormones comme le cortisol qui se trouve à son maximum chaque jour à 8 heures du matin. Quand on sait que le cortisol participe à l'énergie matinale, on tient sans aucun doute un début d'explication…

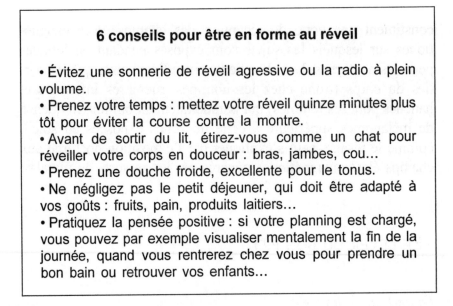

6 conseils pour être en forme au réveil

• Évitez une sonnerie de réveil agressive ou la radio à plein volume.
• Prenez votre temps : mettez votre réveil quinze minutes plus tôt pour éviter la course contre la montre.
• Avant de sortir du lit, étirez-vous comme un chat pour réveiller votre corps en douceur : bras, jambes, cou...
• Prenez une douche froide, excellente pour le tonus.
• Ne négligez pas le petit déjeuner, qui doit être adapté à vos goûts : fruits, pain, produits laitiers...
• Pratiquez la pensée positive : si votre planning est chargé, vous pouvez par exemple visualiser mentalement la fin de la journée, quand vous rentrerez chez vous pour prendre un bon bain ou retrouver vos enfants...

On ne se réveille qu'une fois

Se rendormir après avoir éteint le réveille-matin provoquerait une fatigue pendant la journée : c'est la conclusion d'une étude conduite par le Pr Stepanski aux États-Unis. Se rendormir aurait un effet contre-productif. C'est la fameuse sensation d'être « dans le gaz » jusque tard dans la matinée. Il semblerait que la bonne solution soit de se réveiller avec la radio en la mettant à distance du lit pour éviter de l'éteindre par réflexe.

On ne récupère pas pendant une grasse matinée

Une grasse matinée le week-end ne permet pas de récupérer complètement de la fatigue de la semaine. Quand on a brûlé la bougie par les deux bouts plusieurs jours de suite en dormant moins de six heures par nuit, on ne remet pas le compteur à zéro en dormant davantage le samedi et le dimanche.

Une équipe de chercheurs a étudié un groupe de sujets auquel on a demandé de ne pas dormir plus de six heures pendant six nuits mais qui avait ensuite la possibilité de dormir deux nuits de dix heures. Après une semaine de travail avec un manque modéré de sommeil, les deux nuits de récupération ont permis d'améliorer la qualité du sommeil, mais pas la performance. La grasse matinée n'effaçait pas la fatigue accumulée et les participants avaient tendance à être un peu maladroits et somnolents le dimanche matin, ressentant comme une difficulté à atterrir. En revanche, il a été noté que les performances sexuelles masculines étaient restaurées par cette nuit plus longue. Les chercheurs ont souligné des différences entre hommes et femmes par rapport au sommeil. Il apparaît que les femmes bénéficient davantage pour leur santé des effets protecteurs des bonnes nuits de sommeil et qu'elles récupèrent plus vite de nuits trop courtes.

D'une façon générale, je vous conseille de vous lever une heure plus tard le week-end, mais pas plus, afin de ne pas déstabiliser votre organisme. En revanche, n'hésitez pas à faire une sieste d'une vingtaine de minutes après le déjeuner.

• LES ENNEMIS DU SOMMEIL :
LE RONFLEMENT ET L'APNÉE

Le ronflement

Le ronflement se produit lorsque, pendant le sommeil, le palais ou la luette vibre au passage de l'air. Le ronflement en lui-même n'est pas dangereux. Il peut juste perturber la nuit du conjoint puisqu'il produit au moins 50 décibels (l'équivalent d'une voix humaine). Dans certains cas, il peut aller jusqu'à 90 décibels (le bruit d'une grosse moto). Le ronflement est favorisé par la surcharge pondérale, les boissons alcoolisées, la prise de somnifères ou de sédatifs, les congestions nasales et l'âge. Globalement, avant la ménopause, les femmes sont moins concernées par le ronflement du fait de l'action de la progestérone, qui favoriserait entre autres la ventilation. Des problèmes ORL favorisent également le ronflement, comme une simple déviation de la cloison nasale ou des amygdales hypertrophiques. La position au lit peut aussi augmenter le ronflement. Les sujets qui ont l'habitude de dormir sur le dos ronflent plus. En effet, dans cette position, la langue se situe plus en arrière et, de ce fait, le passage prévu pour l'air est plus étroit. Comme on bouge beaucoup la nuit, toute la difficulté consiste à garder la bonne position pour lutter contre les ronflements.

En pratique, il est conseillé de dormir sur le ventre, éventuellement sur le côté. Une astuce connue consiste à enfiler avant de se coucher un tee-shirt dans le dos duquel est cousue une poche pour y mettre une balle de tennis. C'est très efficace pour garder la bonne posture. La position de la tête est également importante : mettre des oreillers pour allonger un peu le cou permettrait de diminuer le ronflement. Une autre solution consiste à surélever légèrement le lit. Enfin, si le ronfleur potentiel s'abstient de consommer de l'alcool et de prendre des tranquillisants avant de se coucher, il met toutes les chances de son côté pour faire passer une bonne nuit à son conjoint.

L'apnée du sommeil

Les choses sont à envisager plus sérieusement si le ronflement s'accompagne d'apnée du sommeil. Dans ce cas, les risques sur la santé ne sont pas négligeables. L'apnée du sommeil se caractérise par des arrêts involontaires de la respiration pendant le sommeil allant de dix à trente secondes et répétés pendant la nuit.

Les personnes en excès de poids sont les plus exposées à ces apnées du sommeil, en raison de l'excès de graisse dans la zone du cou qui diminue le diamètre des voies respiratoires. Indépendamment, il a été observé que plus le cou est large, plus le risque d'apnée du sommeil est important. À partir de 43 centimètres chez l'homme et de 40 centimètres chez la femme, le risque augmente. Les sujets gros consommateurs d'alcools, de drogues ou de somnifères majorent aussi le risque d'apnées du sommeil.

L'apnée du sommeil va user prématurément l'organisme. Le sommeil est un moment essentiel pour régénérer les cellules du corps. Dans le cas des apnées, les mécanismes physiologiques réparateurs sont perturbés. Les premiers symptômes sont classiques : une fatigue dans la journée, des petits états dépressifs, des troubles de la mémoire, des baisses d'énergie fréquentes, une irritabilité excessive, des céphalées.

Le plus préoccupant demeure le risque de maladies cardiovasculaires provoquées par l'apnée du sommeil. En effet, le cerveau est exposé à des déficits en oxygène pendant des périodes répétées au cours de la nuit, ce qui provoque des microréveils brusques qui font monter la pression artérielle et le rythme cardiaque. Les personnes atteintes d'apnée du sommeil seront davantage sujettes aux risques d'hypertension artérielle, d'infarctus du myocarde, d'accidents vasculaires cérébraux et de troubles du rythme cardiaque. Dans les cas d'apnée sévère, le risque de mourir brusquement pendant le sommeil est augmenté. De même, en cas d'anesthésie, les risques sont plus importants.

Il est donc essentiel de savoir si les ronflements s'accompagnent ou non d'apnée du sommeil. Le conjoint remarque parfois ces pauses respiratoires caractéristiques. Réveillé par le ronflement du voisin, il est facile de repérer ce silence lié à l'apnée au milieu de la nuit. C'est parfois un excès de somnolence pendant la journée ou le fait de se réveiller trop souvent la nuit qui doit attirer l'attention. Le bon réflexe est de consulter un médecin spécialiste qui pourra poser le diagnostic d'apnée du sommeil. L'examen consiste à mesurer pendant une nuit, à l'aide d'électrodes placées sur le corps, la fréquence et la durée des apnées du sommeil, l'activité du cerveau ainsi que le taux d'oxygène dans le sang.

La lutte contre la surcharge pondérale et la pratique de l'exercice physique vont évidemment contribuer à diminuer le risque d'apnée du sommeil. À ce propos, citons les travaux de scientifiques brésiliens qui se sont penchés sur l'effet d'exercices oropharyngés chez des patients présentant des apnées du sommeil modérées. Ils sont partis du principe que l'apnée du sommeil correspondant à un relâchement des fibres musculaires, une sorte de *fitness* de ces muscles pourrait améliorer les choses. Pendant trois mois et à raison d'une demi-heure chaque jour, les sujets devaient s'astreindre à plusieurs exercices, comme par exemple appuyer fortement avec leur langue sur différents points du palais. Les résultats ont montré une amélioration des symptômes par rapport à un groupe témoin qui ne pratiquait aucun exercice quotidien. Si les mesures préventives ne marchent pas, il existe différents moyens thérapeutiques pour améliorer l'apnée. Le médecin pourra prescrire des appareils à porter pendant la nuit. Ces appareils insufflent de l'air par le nez à l'aide d'un masque. Dans tous les cas, ne négligez pas l'apnée du sommeil, qui peut s'avérer désastreuse pour votre organisme.

CHAPITRE 4

SE DÉBARRASSER
DES TRACAS QUOTIDIENS :
PROBLÈMES DE TRANSIT,
ALLERGIES…

« L'éternuement, c'est l'orgasme du pauvre. »

Extrait de *L'Os à moëlle*, Pierre Dac

Les médicaments sont utiles lorsque la prise est nécessaire. Cela semble une évidence, et pourtant, ce n'est pas le cas. Dans ma pratique, je constate trop de maladies d'origine iatrogène. Une maladie iatrogène est une maladie qui est due aux effets secondaires d'un médicament, que l'on nomme couramment « effets indésirables ». Il vaut mieux ne pas prendre à la légère un traitement sans prescription pour éviter de tels écueils. Malheureusement, il existe de multiples raisons de devenir accroc à un médicament : un coup de fatigue, des gênes récurrentes, une douleur persistante... Au fil des mois, il faudra augmenter les quantités, passer à des thérapeutiques de plus en plus agressives, sans jamais résoudre l'origine du mal. Il existe pourtant de nombreux symptômes du quotidien pour lesquels des gestes simples permettent de guérir sans passer par la case médecin : la constipation, les ballonnements, les inconforts digestifs, les allergies, les difficultés respiratoires... Connaître ces solutions simples, c'est réduire la prise de médicaments, leur accoutumance et éviter de subir des effets secondaires dangereux ou inconfortables. Quand il s'agit d'apprendre un nouveau geste pour se débarrasser d'un symptôme et sans risques, je suis toujours partant pour la solution la plus naturelle.

• LES TROUBLES GASTRO-ENTÉROLOGIQUES

Les troubles gastro-entérologiques (constipation, ballonnements, hernie hiatale, reflux gastrique…) comptent parmi les motifs les plus fréquents de consultation médicale. Pourtant, de nombreux inconforts digestifs pourraient être facilement évités en modifiant notre façon de nous tenir. Pour vous en convaincre, je vous propose d'observer les arbres. Ceux qui poussent bien droit dresseront plus rapidement leurs cimes vers le ciel. En revanche, ceux qui se développent trop penchés n'auront pas une longue espérance de vie. La difficulté, pour le corps humain, est qu'il doit adopter les bonnes positions tout en étant en permanence en mouvement. L'idéal est de se situer toujours sur son centre de gravité, quelles que soient les positions. Ce mouvement est essentiel à la vie car, comme le disait Einstein : « La vie c'est comme la bicyclette, il faut avancer pour ne pas perdre l'équilibre ».

La nouvelle posture à adopter aux toilettes

Je vais aborder un sujet sensible et très intime. Il s'agit des meilleures positions à adopter pour la défécation. Le sujet peut paraître surprenant car, *a priori*, il n'existe qu'une seule position adoptée par tous, à savoir assis tranquillement sur le trône. Pourtant, ce n'est peut-être pas la meilleure position. Plusieurs équipes de chercheurs aux États-Unis, en Israël et au Japon se sont penchées sur ce thème et tous les travaux scientifiques arrivent à la même conclusion : il vaut mieux se tenir accroupi qu'assis pour évacuer ses selles. En fait, la position assise est une position relativement récente due au progrès des toilettes modernes, mais elle n'est pas physiologique.

Les recherches ont mis en avant plusieurs éléments nouveaux. En position assise, l'angle anorectal est beaucoup plus fermé qu'en position accroupie, ce qui tend à retenir les fécès à l'intérieur du rectum, et donc à pousser davantage pour les évacuer, voire parfois incomplètement. Pour illustrer ce propos, pensez à un tuyau d'arrosage plein d'eau à moitié plié : l'eau s'écoule difficilement. C'est exactement ce qui se passe en position assise. Quand le sujet se met accroupi, l'angle s'ouvre, la pliure disparaît et l'eau peut s'évacuer facilement.

Les médecins qui ont réalisé ces expérimentations sur des volontaires ont ainsi remarqué que les personnes mettaient trois fois moins de temps à évacuer leurs selles en position accroupie qu'en position assise. Les participants ont tous noté qu'ils avaient à peine besoin de pousser lorsqu'ils étaient accroupis et que la défécation était facile et rapide. Ce détail est très important car pour les personnes souffrant d'hémorroïdes, cela permet de diminuer les douleurs et la résurgence des crises en baissant de façon physiologique la pression. Dans les cas de pathologies cardiovasculaires, l'effort à produire se trouve limité, ce qui permet d'éviter des montées inutiles de la pression artérielle.

À première vue, cela paraît difficile de mettre en pratique cette recommandation, car les W.-C. dits à la turque ont presque disparu. Certains proposent de se tenir justement accroupi sur le siège des toilettes mais cela peut paraître un peu périlleux ! Il existe une solution intermédiaire qui consiste à placer en face du trône un petit tabouret pour surélever les pieds tout en restant assis. Ou plus facilement, glissez vos mains sous les cuisses pour soulever vos jambes, redressez vous et, mécaniquement, vous basculerez vers l'arrière. C'est gagné ! Cette position permet d'enlever partiellement la pliure rectale provoquée par la position assise. Les participants aux études ont noté jusqu'à l'économie d'une heure par semaine grâce à cette nouvelle position. De plus, cela peut permettre d'éviter l'utilisation de laxatifs.

Le fait d'opter pour une bonne position aux toilettes a d'autres avantages que de gagner du temps. Elle peut soulager les personnes qui souffrent d'hémorroïdes. Les hémorroïdes sont des dilatations des vaisseaux de la région de l'anus qui font penser à des varices des jambes. Elles peuvent être très douloureuses, occasionner des inflammations et des saigne-ments. Réduire les efforts de poussée au moment de la selle va être bénéfique en évitant que la pression augmente au niveau de ces vaisseaux sanguins. Dans un autre domaine, une équipe de scientifiques a étudié le lien chez l'homme entre troubles de l'érection et hémorroïdes. L'étude a porté sur plus de 6 000 hommes. Ils ont noté que 90 % des hommes souffrant de troubles de l'érection présentaient justement des hémorroïdes et ceci est d'autant plus marqué qu'ils avaient moins de 30 ans. La raison semble être liée au fait que le gonflement de certains vaisseaux proche du rectum provoquerait une irritation de nerfs voisins intervenant dans l'érection. Faites l'essai de cette nou-velle position et vous jugerez par vous-même de son efficacité...

Les dangers du travail assis

Les positions du corps au repos jouent sur la santé. C'est ce que vient de démontrer une étude australienne conduite auprès de 900 patients atteints par un cancer du côlon et qui ont été comparés à 1 000 sujets témoins en bonne santé. Les scientifiques ont constitué une base de données réunissant les informations sur leurs habitudes alimentaires et leurs acti-vités physiques et professionnelles. Les sujets qui travaillaient assis devant un ordinateur étaient considérés comme séden-taires, par rapport à ceux dont le travail nécessite un mouvement constant, comme une infirmière ou un serveur de restaurant. Les chercheurs ont constaté que les sujets qui pratiquaient une profession sédentaire pendant au moins dix ans avaient deux fois plus de risque d'être victimes d'un cancer du côlon. Parmi ces cancers, ce sont les cancers « les plus près de l'assise de la chaise » qui sont les plus fréquents, en particulier ceux du rectum, dont la fréquence est multipliée par 1,5. Il est intéressant de constater que cette augmentation de fréquence du risque de cancer ne dépend pas de l'activité physique pratiquée en dehors des heures de travail. Cet élément est fondamental. Il signifie que la position assise huit heures par jour constitue, indépendamment des autres activités de la journée, un facteur de risque. Une activité sportive quotidienne ne suffirait pas à compenser ces journées sur une chaise. Il ne s'agit pas de la première étude sur ce sujet. D'autres travaux réalisés précédemment avaient déjà suspecté le fait d'être assis trop longtemps comme un risque de cancer du côlon.

Pour tenter de comprendre le lien entre les cancers coliques et la position assise prolongée, les scientifiques australiens ont étudié les mécanismes physiologiques engendrés par une telle position. Il apparaît que la sédentarité est un facteur qui augmente la glycémie (taux de sucre dans le sang) et le taux de molécules inflammatoires circulantes. Par ailleurs, la sédentarité est un facteur connu d'augmentation de la surcharge pondérale, facteur de risque indépendant des cancers. L'obésité entraîne une hausse quotidienne de la consommation des aliments. Il est évident que lorsque l'on mange trois ou quatre fois la quantité nécessaire à l'organisme, on absorbe plus de pesticides et de produits chimiques contenus dans certains aliments. Les normes de tolérance de ces produits toxiques sont conçues pour des quantités que je qualifierais de normales. En revanche, une dose trop élevée peut faire le poison. Le corps humain n'est pas prévu pour détoxiquer les aliments en excès.

Finie la sédentarité !

Quand on sait que rester assis pendant moins de trois heures par jour augmente l'espérance de vie, cela fait réfléchir ! Je suggère donc aux amateurs de télévision de regarder leurs programmes préférés en pédalant sur un vélo d'appartement. Si vous devez passer beaucoup de temps assis, faites des pauses régulières en allant marcher quelques minutes hors de votre bureau ; si vous êtes chez vous, étendez votre linge, récurez votre baignoire, nettoyez vos carreaux. Bref, alternez toujours une activité physique avec une position immobile. Ces simples gestes augmentent de façon significative la durée de vie en bonne santé. L'étude qui a mis le doigt sur cette corrélation a été réalisée aux États-Unis, où l'on regarde souvent la télé en position semi-allongée sur son canapé. Les chercheurs ont insisté sur le fait qu'en position assise, les muscles des jambes et des cuisses étaient inactifs, contribuant ainsi à la perturbation du métabolisme des sucres et des graisses au niveau sanguin.

Les filtres naturels que sont les reins ou le foie sont débordés en pareil cas. Il suffit d'observer le nombre de sujets en excès de poids qui présentent un foie gras à l'échographie. C'est exactement comme pour les oies ou le canard : le foie débordé par tous ces excès ne répond plus à la demande.

Le reflux gastro-œsophagien

Le reflux gastro-œsophagien (RGO) concerne bon nombre de Français. Il consiste en des remontées acides le long de l'œsophage, parfois jusque dans la gorge, qui surviennent après les repas, principalement en position allongée. Physiologiquement, le RGO est dû à une mauvaise circulation du bol alimentaire. Lorsque vous mangez, le contenu des aliments va descendre le long de votre œsophage, puis arriver à une sorte de « muscle-péage » (le cardia). Ce muscle, qui sépare votre œsophage de votre estomac, va s'ouvrir pour laisser passer les aliments, puis se refermer. Dans le cas d'un RGO, ce sphincter n'est pas suffisamment tonique pour se fermer complètement, et il va laisser « remonter » des particules alimentaires acides provenant de l'estomac. Si vous souffrez d'un reflux, il faut évidemment consulter, car un traitement médical peut en venir à bout. Néanmoins, quelques gestes hygiéno-diététiques simples vous permettront de prévenir et de tempérer ce trouble fort désagréable :

• Ne foncez pas au lit après avoir mangé et surélevez la partie haute de votre corps en vous offrant un deuxième oreiller.

• Mangez en petites quantités.

• Surveillez votre poids.

• Proscrivez le tabac et l'alcool.

• Évitez les aliments épicés, les oignons, les graisses...

La hernie hiatale

Un tiers des Français souffrent d'une hernie hiatale. La hernie hiatale est une petite partie de l'estomac qui passe au-dessus du diaphragme, entraînant des reflux acides et des éructations fréquentes. Il existe des moyens simples et pratiques qui peuvent contribuer efficacement à réduire ou à faire disparaître les symptômes sans avoir recours à des médicaments classiques qui ont l'inconvénient, en dehors d'effets secondaires possibles, de devoir être pris à longueur d'année.

Tout d'abord, il faut absolument éviter de boire ou de manger des aliments brûlants. Je recommande d'ailleurs cela en dehors des problèmes de hernie hiatale. Boire trop chaud augmente le risque des cancers de l'œsophage. Une étude conduite en Chine a clairement démontré que le fait de boire du thé trop chaud majore la fréquence de ces cancers. Il existe d'autres éléments à l'origine de ces cancers, comme le tabac ou l'alcool, mais il s'avère que la température trop forte des boissons ou des aliments fait partie des vrais risques. Une boisson saine comme le thé vert peut donc devenir nocive pour la santé si elle est bue brûlante. C'est là un point clé de la nutrition et de la sécurité alimentaire. Tout est question de température et de mode de préparation.

Concernant les boissons chaudes, il existe d'ailleurs un petit paradoxe. De nombreux voyageurs ont ainsi observé que les nomades dans le désert buvaient du thé chaud pour se rafraîchir. En effet, quand la température s'élève, nous transpirons pour évaporer de l'eau, ce qui permet de refroidir le corps. Quand on boit froid, nous poussons le corps à produire de l'énergie pour le réchauffer. Sur le coup, cela provoque une sensation de frais, mais ensuite on a chaud. À l'inverse, un thé légèrement chaud produit une sensation de fraîcheur durable.

Dans le cadre de la hernie hiatale, le fait de boire trop chaud pousse à avaler trop d'air pour refroidir le liquide. L'air avalé en excès exerce ensuite une pression dans l'estomac qui favorise les reflux acides et les éructations. D'autres conseils sont à suivre pour éviter une ingestion excessive de l'air : ne pas marcher et manger en même temps, ne pas manger en discutant, ne pas mâcher du chewing-gum, éviter de boire avec une paille ou directement au goulot... Il faut bien sûr manger le plus lentement possible et la bouche fermée.

Les ballonnements

Quoi de plus désagréable que ces moments où, après un repas ou en fin de journée, vous constatez que votre ventre a triplé de volume, qu'il est douloureux et que vous avez l'impression que vous allez accoucher d'un éléphant ! Chacun d'entre nous a un jour ressenti ces ballonnements, qui disparaissent généralement au bout de quelques heures. Dans le jargon médical, on appelle cela une colopathie fonctionnelle. Le côlon, qui a pour fonction de transporter les reliquats d'aliments jusqu'à la « sortie », se gonfle d'air, devient paresseux et fonctionne au ralenti, provoquant le plus souvent une constipation. Pourtant, de nombreux médecins vous diront qu'il ne s'agit pas d'une « vraie » maladie et qu'une simple modification de quelques règles alimentaires suffit à éviter ce trouble : pour cela, il faut privilégier un régime riche en fibres et boire beaucoup d'eau. Les fibres ne sont pas assimilables par l'organisme, elles traversent donc l'appareil digestif et favorisent la digestion en entraînant avec elles le reste des aliments. Pour être efficaces, elles doivent gonfler, d'où l'importance de boire au moins 1,5 litre d'eau en dehors, mais aussi pendant les repas. Il est également primordial de manger lentement et dans le calme. Vous avez tous remarqué que vous digérez moins bien après un repas animé, bruyant et pris trop rapidement.

Les fibres

Les fibres se trouvent dans une grande quantité d'aliments :
• Les céréales (pain, riz, blé, semoule…)
• Les légumineuses (haricots rouges, lentilles, pois chiches…)
• Les légumes (haricots verts, épinards, asperges, céleri, fenouil, artichaut…)
• Tous les fruits
• Les compléments alimentaires (charbon, argile…) et les probiotiques sont également efficaces dans le cadre d'un régime riche en fibres

---

• LES ALLERGIES

Les allergies concernent aujourd'hui une part grandissante de la population et deviennent un véritable problème de santé publique. On estime en effet à plus de 20 millions le nombre de Français souffrant d'une allergie, ce qui est considérable. Elles ont doublé en vingt ans et la courbe continue d'augmenter année après année. Les effets sont multiples, de la petite démangeaison à l'asthme, de l'éternuement à l'œdème de Quincke pouvant entraîner la mort. Pourquoi ces allergies augmentent-elles en flèche ? Peut-on faire quelque chose pour prévenir et diminuer ce phénomène ?

Veaux, vaches et grand air…

Quelques livres d'histoire racontent qu'autrefois, dans certaines familles aisées, les bébés étaient envoyés à leur nais-

74

sance à la ferme chez des nourrices. Ils revenaient bien plus tard dans leurs foyers en étant propres, sachant parler et marcher. Plus tard, au XIXᵉ siècle, la région du Morvan devint la capitale de l'allaitement avec les fameuses nourrices morvandelles. Réputées pour être de bonnes allaitantes, ces femmes ont accueilli des milliers de bébés envoyés par l'Assistance publique de Paris. On estime que près de 50 000 enfants ont été ainsi placés dans le Morvan que les habitants appelaient le « petit Paris ». Les nourrices étaient issues de familles modestes qui s'étaient appauvries encore davantage avec la révolution industrielle. C'est ainsi que l'écrivain Jean Genet fut placé jusqu'à l'âge de 13 ans dans une de ces familles. La réputation de ces nourrices était telle que Napoléon Iᵉʳ, suivant les conseils de son médecin, prit une nourrice morvandelle pour allaiter son fils Napoléon II, le roi de Rome. Tout comme plus tard le président Félix Faure, fit de même. De retour au pays, ces nourrices revenaient avec suffisamment d'argent pour s'acheter une maison, que les habitants appelaient les maisons de lait. Si la pratique d'antan d'envoyer les enfants à la ferme est très critiquable sur le plan des relations affectives, peut-être avait-on découvert sans le savoir la première méthode efficace de prévention contre les allergies.

Une équipe de chercheurs allemands vient en effet de faire une découverte passionnante. Ils ont comparé plusieurs milliers d'enfants vivant à la ferme par rapport à un groupe d'enfants habitant en ville. Il s'agit de deux environnements complètement différents. Dans le premier cas, la vie à la ferme implique un contact quotidien avec tous les animaux tels que les vaches, cochons, poules… Dans l'autre cas, l'univers est beaucoup plus stérilisé. Les résultats de ces recherches ont clairement démontré que les enfants qui avaient grandi à la ferme développaient nettement moins d'allergies que les enfants des villes avec une réduction de 51 % du risque d'asthme et de 76 % du risque

Le chien, le meilleur ami de l'homme

Dans le même esprit, il faut citer des études récentes portant sur les liens entre la présence d'un chien au domicile familial et l'asthme de l'enfant. Le chien aurait un effet préventif possible sur l'apparition de l'asthme. Il semble que les microbes naturellement présents chez le chien joueraient un rôle contre le virus respiratoire syncitial en lien avec l'apparition des crises d'asthme chez l'enfant. Les travaux scientifiques ont étudié des souris exposées à la poussière de maisons dans lesquelles habitent des chiens. Il apparaît qu'elles se trouvent protégées par ce virus. Ces recherches sont parties de la constatation empirique que les enfants qui vivaient au contact de chiens développaient moins d'asthme. En effet, le contact précoce avec cet animal pendant l'enfance stimule positivement les défenses immunitaires.

d'allergie. Il est possible que ce soit le contact précoce avec tous les microbes de la ferme qui fasse la différence. En effet, il existe dans le milieu rural une très grande diversité de champignons, de bactéries et de toutes sortes de micro-organismes qui auraient un effet immunitaire bénéfique dès le début de la vie. Il apparaît que l'effet préventif de ce contact avec les animaux de la ferme dans l'enfance continue à l'âge adulte.

Baiser et allergie : je t'aime, moi non plus...

Une allergie peut être transmise par un baiser. Si vous êtes allergique aux cacahuètes et que votre partenaire vient d'en consommer, vous pouvez déclencher une allergie sévère à cause des particules de cet aliment qui seront transmises dans l'échange de salive. Cela peut aller d'une simple démangeaison jusqu'au redoutable œdème de Quincke qui peut engager le pronostic vital. C'est un scénario idéal pour un polar qui s'appellerait « le baiser qui tue ». Mais tout n'est pas perdu, loin de là ! Rappelons les travaux étonnants du Pr Kimata au Japon (Kimata, 2006), qui ont démontré que les baisers prolongés dans le couple provoquaient une diminution des allergies. Pour cela, il a étudié 24 couples dont l'un des deux présentait un eczéma modéré. Il leur a demandé de s'embrasser librement le plus souvent possible pendant trente minutes. Juste avant de commencer et tout de suite après les trente minutes, il a pratiqué des prises de sang pour doser des constantes biologiques (Ige) qui interviennent dans les allergies. Les résultats ont montré une diminution de l'eczéma chez les sujets qui en présentaient et une diminution du critère biologique sanguin de l'allergie étudiée.

CHAPITRE 5

LUTTER CONTRE
LES MALADIES INFECTIEUSES
ET PROTÉGER SES ENFANTS

« Ne sous-estimez pas les petits adversaires :
un lion se voit, pas un virus. »

ANONYME

Une infection : voilà un terme banal, que nous employons quotidiennement. C'est l'invasion d'un organisme vivant par des microbes, qui peuvent être d'origine diverse : virus, bactéries, champignons… Cette invasion est susceptible d'entraîner une maladie, c'est pourquoi les agents sont appelés « pathogènes ». Une infection peut être exogène (c'est l'environnement qui apporte les germes), endogène (c'est l'individu qui produit des germes), nosocomiale (le patient développe une infection suite à un séjour hospitalier) ou encore opportuniste (l'infection se développe chez un sujet sain, mais ne provoque pas de maladie tant que l'organisme se défend bien). Il est important de retenir qu'une infection se développe plus souvent chez un individu dont les défenses immunitaires sont affaiblies. Pour prendre une métaphore guerrière, si vous êtes attaqué par des ennemis et que votre château n'est pas bien protégé, vous risquez d'être rapidement envahi ! Ce chapitre, comme les précédents, ne prétend pas minimiser la gravité d'une maladie infectieuse, mais vous prodiguer des conseils préventifs afin de renforcer votre organisme. Un corps bien entretenu résiste naturellement à davantage de pathologies.

• L'HYGIÈNE AU QUOTIDIEN :
NI TROP NI PAS ASSEZ

Les excès d'hygiène et d'antibiotiques dans la petite enfance seraient-ils à l'origine de la montée en puissance des allergies (voir chapitre précédent) ? Serait-il possible que le monde ultrastérile dans lequel nous vivons contribue aux maladies auto-immunes, inflammatoires, infectieuses ?

Les réflexes auxquels on ne pense pas toujours

Une bonne hygiène est évidemment essentielle pour éviter de développer inutilement de nombreuses infections tout au long de l'année. Il faut donc penser à acquérir les bons réflexes quotidiens. Dans un ouvrage précédent[1], j'ai rappelé l'importance des règles de base, qui sont souvent hélas oubliées parce que l'hygiène ne s'enseigne plus ou rarement à l'école, ni en faculté de médecine, ni même des mamans aux enfants. L'hygiène, ça marche pourtant très bien ! Citons quelques exemples :
• Le simple fait de se laver les mains avant de passer à table ou en sortant des toilettes réduit de 20 % les infections respiratoires et digestives.
• Rabattre le couvercle avant de tirer la chasse d'eau des toilettes évite l'effet aérosol grâce auquel les germes se retrouvent dans les poumons.
• Changer son oreiller régulièrement est important, parce

---

1. Frédéric Saldmann, *On s'en lave les mains*, Paris, Flammarion, 2007.

qu'au bout de deux ans, 10 % de son poids correspond à des acariens morts ou des déjections d'acariens.

• Laver son réfrigérateur deux fois par mois est élémentaire en raison du risque de développement microbien – comme la redoutable *Listeria* – qui se développe justement dans des atmosphères froides et humides à 4 degrés.

• Congeler le poisson quand on désire le consommer cru élimine l'anisakis, un parasite qui peut être à l'origine de perforation intestinale ; faire de même avec la viande de bœuf préparée en tartare évite de contracter le ver solitaire, comme 100 000 Français par an.

• Il faut savoir aussi que certains aliments ne se conservent pas, comme tous les tartares de viandes et de poissons ou encore la mayonnaise fraîche.

• Rappelez-vous que ce qui sert à nettoyer peut s'avérer un redoutable vecteur de saleté. L'éponge peut ainsi devenir un repère de microbes si on ne la passe pas à l'eau de Javel régulièrement avant de la faire sécher. Les torchons doivent être lavés le plus souvent possible à 60 degrés, et ne doivent jamais être réutilisés s'ils sont humides.

• On ne partage pas sa serviette éponge avec toute la famille : en se passant la serviette éponge, on se passe en même temps les microbes. De même, vous veillerez à ce que votre serviette soit sèche avant de l'utiliser. Si elle est encore humide, mettez-la sans hésiter du côté du linge sale. En effet, une serviette humide est un parfait milieu de culture pour le développement des microbes. En vingt-quatre heures, ils ont largement le temps de se multiplier. Résultat, une fois la toilette faite, vous aurez étalé sur vous des colonies de microbes qui se développeront avec une nette préférence au niveau des plis, favorisant ensuite rougeurs et infections. Le gant de toilette n'est à utiliser qu'une fois, puis à laver. Autrement, au deuxième usage, il servira à répandre la crasse sur le corps.

**Le lavage des mains
qui éloigne les mauvais sentiments**

Le lavage des mains peut revêtir une dimension symbolique et psychologique. Ce geste permettrait d'éloigner les mauvais sentiments, les doutes et les pensées négatives. C'est ce qu'a constaté le Pr Spike Lee (Lee *et al.*, 2010) aux États-Unis en questionnant des personnes qui s'étaient lavé les mains. Je pense que cela reste un geste d'hygiène efficace pour se prémunir de nombreuses maladies infectieuses et de précaution vis-à-vis d'une éventuelle transmission à des tiers. Si, simultanément, on peut éliminer les microbes et les mauvaises pensées, c'est une raison de plus pour ne pas oublier ce geste sain au quotidien !

• Je recommande de laver les draps de lit au moins une fois par semaine. Pensez aussi à changer régulièrement de brosse à dents, surtout après une grippe ou une angine, pour éviter de se réensemencer et de traîner des infections qui n'en finissent pas. Pour faire des économies de brosse à dents, je conseille de la mettre régulièrement tout simplement dans le lave-vaisselle avec le détergent habituel. Une étude scientifique a montré que cette méthode faisait disparaître la totalité des microbes présents. Après tout, on lave bien son assiette chaque jour, pourquoi ne pas laver aussi sa brosse à dents ?

• Concernant les assiettes qui ne vont pas tout de suite au lave-vaisselle, rincez-les avec une solution légèrement javellisée, pour faire barrage aux bouillons de culture qui ne demandent qu'à se développer dans la cuisine.

• Pensez aussi à contrôler, au moyen d'une éponge et d'eau de Javel, les joints en caoutchouc de votre lave-vaisselle qui sont souvent contaminés par des moisissures.

• Vous n'oublierez évidemment pas de pratiquer une petite toilette régulière sur les objets du quotidien tels que les télécommandes de télévision, les interrupteurs de lampe de chevet, le téléphone portable, les lunettes, le dessous de montre… Quand on sait que 92 % des mobiles sont recouverts de microbes dont 16 % de bactéries fécales, cela motive pour les nettoyer et, en tous les cas, pour éviter de les prêter pour échanger des microbes… et peut-être aussi pour alléger sa note de téléphone.

Se laver dans le bon sens

Pour bien se laver, il faut toujours commencer en allant du haut vers le bas. La raison est simple. Il vaut mieux commencer par les zones les plus propres pour finir par les plus sales comme les pieds pour éviter de véhiculer des germes sur le savon des pieds et des fesses vers le visage. Cet ordre donne aussi un sens plus logique à l'écoulement de l'eau. Pour traiter de détails plus intimes, de nombreuses vaginites pourraient être évitées avec un essuyage des fesses non pas dans le sens anus vers le vagin en va-et-vient, mais de l'anus vers le dos pour éviter la migration des microbes de la marge anale vers le vagin. Tout cela semble logique, et pourtant…

Tourner sa tasse

Si vous vous trouvez dans un café à l'hygiène douteuse et que vous venez d'observer le serveur faire un nettoyage très sommaire des tasses en les mettant une seconde à l'envers sur un petit jet d'eau, vous êtes écœuré et ça paraît normal. Il existe des maladies qui peuvent se transmettre par simple contact. Boire juste après quelqu'un qui présente un herpès labial ou une gastro-entérite n'est pas recommandé. Dans le doute, un simple geste fait baisser les risques de transmission : au lieu de prendre la tasse avec l'anse à droite, tournez-la et mettez l'anse à gauche. Comme les gens prennent tous leur tasse avec l'anse à droite, vous allez pouvoir boire votre café là où personne ne boit.

• TROP D'HYGIÈNE TUERAIT-IL L'HYGIÈNE ?

Trouver le juste équilibre

Il est évident que les progrès en matière de propreté ont contribué de façon spectaculaire à réduire la fréquence des infections et à prolonger l'espérance de vie. Mais parfois, le trop peut être l'ennemi du mieux. L'excès d'hygiène tue l'hygiène, et c'est là toute la difficulté pour trouver le juste milieu entre les règles de base nécessaires et une hygiène pathologique. Je commencerai par un exemple parlant : il ne faut jamais mettre de produits antiseptiques ou de savon pour nettoyer le vagin ! Ces produits vont littéralement casser l'équilibre biologique interne de la flore et provoquer l'inverse de ce qui était souhaité, comme des vaginites à répétition. Il faut garder en mémoire que le vagin est assimilable à un « four autonettoyant » et qu'il n'a pas besoin de produits spéciaux pour son entretien intime. Dans un même esprit, l'excès d'antibiotiques, quand ils ne sont pas nécessaires, peut entraîner la sélection des souches résistantes et casser l'équilibre de la flore intestinale. La notion d'écologie microbienne est essentielle. Le corps humain est porteur de millions de germes qui forment un équilibre stable. Il faut penser à maintenir autant que faire se peut cet équilibre fragile.

Cependant, de nombreuses recherches sur les liaisons étranges entre certains microbes et l'asthme soulèvent des questions. L'exemple de l'ulcère gastrique est particulièrement parlant. Quand j'étais étudiant en médecine, l'ulcère gastrique était considéré comme une maladie psychosomatique due à un trop grand stress qui, de plus, avait des complications redoutables, comme une perforation gastrique avec hémorragie ou une péritonite. Bon nombre de patients subissaient des interventions chirurgicales avec ablation de l'estomac, ce qui rendait le reste de leur vie très pénible, les obligeant à manger de très petites quantités à chaque repas. Et pourtant, le traitement existait sans que l'on sache qu'on pouvait le prescrire. En effet, bien des années plus tard, un chercheur a découvert que l'ulcère gastrique était tout simplement lié à une bactérie : *Helicobacter pylori*. Un traitement antibiotique permettait de s'en débarrasser. Mais voilà, des travaux scientifiques récents sèment l'embarras, mettant en évidence le fait que la présence d'*Helicobacter pylori* diminue la fréquence de l'asthme lorsqu'un patient en est atteint...

À travers les résultats de ces études, nous entrevoyons toutes les difficultés des relations entre l'hygiène, le système immunitaire et les allergies. Il faut que l'organisme « se fasse les dents » en entrant progressivement en contact avec différents microbes pour se construire une immunité solide, et en même temps, il est impératif de le protéger des agents infectieux trop dangereux. La limite entre le maniement des microbes ou des toxiques et la bonne santé n'est pas si simple. Ainsi, la toxine botulique utilisée pour effacer les rides ou pour diminuer certains spasmes est aussi un poison qui peut tuer...

Les bienfaits de l'éternuement

La personne qui vient d'éternuer ou de tousser sur ses propres mains les recouvre de virus. Juste après, en serrant les mains, l'occasion est donnée de contaminer l'entourage, le tout dans un contexte de politesse irréprochable. Le bon réflexe est d'éternuer ou de tousser contre sa manche ou d'utiliser des mouchoirs à usage unique. En pratique, éternuer peut être un vecteur pour propager les virus d'une personne enrhumée, et ce à plus de 200 km/h. C'est un moyen rapide de diffusion des maladies virales.

Quand une personne éternue, il est courant que ses proches tendent à interpréter ce phénomène comme négatif. Les « à tes souhaits », « couvre-toi bien », et « fais attention » sont monnaie courante. En fait, à la lumière de nouveaux travaux scientifiques, il apparaît qu'éternuer est très bon pour la santé. L'éternuement permet de chasser les microbes qui s'accumulent dans les fosses nasales. L'expiration brutale de l'air redonne un coup de fouet au mucus nasal chargé d'éliminer les bactéries, virus et résidus de pollution urbaine. C'est comme un système de ventilation et de purification de l'air qui se met en place. N'hésitez donc pas à utiliser ce système tout à fait sain, en expulsant vos miasmes dans un mouchoir et en allant vous laver les mains après.

L'éternuement à travers les âges et les cultures

Au Moyen Âge, beaucoup pensaient qu'à l'occasion d'un éternuement, le diable pouvait entrer par la bouche, d'où le fait d'utiliser sa main en guise de protection. La coutume a traversé les siècles. Selon les cultures, l'éternuement prend de très nombreuses significations : pour les Japonais, si vous éternuez une fois, cela signifie que quelqu'un parle de vous en bien, deux fois on parle de vous en mal, trois fois c'est un amoureux qui parle de vous, et au-delà, vous avez un rhume...

• Les baisers vaccins

Le secret de la salive

La salive qui s'échange lors d'un baiser porte en elle des propriétés particulières récemment découvertes. Elle contient une protéine : la SLPI. Ce composant de la salive a des effets biologiques puissants qui luttent contre les microbes, les mycoses et certains virus. Ces données permettraient de comprendre pourquoi la transmission du virus du sida par la bouche est extrêmement rare. Par ailleurs, cette protéine a un pouvoir d'aide à la cicatrisation des tissus, avec des effets anti-inflammatoires. Une équipe de chercheurs aux États-Unis a appliqué cette fameuse protéine sur la peau de souris présentant des blessures. Quarante-huit heures plus tard, les souris avaient guéri. Nous tenons peut-être là l'explication de l'attitude des animaux qui lèchent leurs plaies, et de celle des enfants qui demandent que leurs parents embrassent leurs petites blessures pour mieux guérir... Les baisers vont également provoquer un bonus de salive chez les deux partenaires, favorisant la neutralisation des acides, la lutte contre la plaque dentaire et les caries en chassant les particules alimentaires résiduelles. L'afflux de salive booste la protéine antibactérienne, ce qui est excellent pour les dents.

La monogamie transitoire récompensée

Les baisers en début de relation amoureuse, par l'échange de salive entre les amoureux, permettent d'éviter que la future maman ne transmette un jour une maladie virale redoutable à son bébé. Par les baisers, elle s'immunise en fait contre les cyto-mégalovirus. Ce virus s'attrape à l'occasion d'un baiser. La plupart du temps, la maladie passe inaperçue et guérit spontanément et sans séquelles. Tout au plus, la personne ressent une fatigue, quelques courbatures et une légère fièvre qu'elle mettra sur le compte d'une grippe passagère. En revanche, grâce à ce contact viral, la femme s'immunise à vie contre les cytomégalovirus. Il est important d'acquérir une bonne protection car cette maladie, bénigne pour l'adulte, est redoutable pour le fœtus avec la possibilité de retards mentaux sévères, une surdité et des atteintes du foie. L'immunité optimale se situe environ six mois après le premier baiser mais il y a un petit bémol. Il existe différentes souches de ce virus, ce qui fait que la femme ne sera protégée que contre une seule, celle que son partenaire initial lui a transmise. En résumé, chaque homme présente une souche spécifique de virus. Cette constatation invite à la monogamie dans les six mois qui précèdent la conception d'un bébé. Il faut toutefois noter qu'une jeune fille qui aura pratiqué de nombreux baisers avec de multiples partenaires sera immunisée contre de très nombreuses souches de ce virus. Ces constatations médicales montrent le pouvoir des baisers en tant que boosters de l'immunité, par les échanges de salive entre les partenaires.

• PROTÉGER SES ENFANTS

L'allaitement, bénéfique pour les enfants et pour les mamans

Futures mamans ou mères qui me lisez, sachez que ce paragraphe n'est absolument pas destiné à vous culpabiliser. L'allaitement est un choix, et pour des raisons médicales ou personnelles, vous êtes tout à fait libres de ne pas allaiter votre enfant. Si j'évoque l'allaitement ici, c'est parce qu'il est extrêmement bénéfique pour la santé, et pas seulement celle de l'enfant. On pense en général à tous les avantages de l'allaitement pour le nouveau-né, mais on oublie tous les points forts pour la maman. Il est surprenant de constater à quel point l'allaitement intervient en termes de prévention et de santé. Il réduit les risques de cancer des ovaires, de l'utérus et du sein. Il protège également contre l'ostéoporose. Une équipe norvégienne a étudié le cas de 5 000 femmes âgées de 50 à 94 ans sur une durée de quinze ans. Elle a mis en évidence le fait que les femmes qui avaient allaité présentaient deux fois moins de risques de fracture du col du fémur que les femmes qui n'avaient pas allaité. Il a aussi été constaté que l'allaitement entraîne une réduction des besoins en insuline chez les mères diabétiques. Par ailleurs, comme il agit en bloquant l'ovulation, il est évident qu'il contribue à mieux préserver le précieux stock d'ovocytes, et peut-être ainsi à décaler l'âge de la ménopause (voir encadré *infra*). La durée de la lactation varie beaucoup selon les pays et les cultures. En France, les femmes allaitent dix semaines en moyenne, pour des durées qui atteignent jusqu'à deux ans en Afrique et sept ans chez les Inuits. Alors, compte tenu de ses nombreux effets positifs, et si cela est possible, pourquoi ne pas prolonger plus longtemps l'allaitement ? Peut-on allaiter en dehors d'une grossesse ? Et si l'allaitement devenait un facteur de prévention et de santé à part entière ? Il est tout à fait possible d'allaiter sans avoir été enceinte et cela peut intéresser par exemple les femmes qui adoptent ou qui passent pour des raisons d'infertilité par des mères porteuses. Il faut savoir que les deux hormones clés qui déclenchent l'allaitement, la prolactine et l'ocytocine, peuvent être stimulées en dehors de la grossesse. C'est l'hypophyse qui se situe dans le cerveau qui contrôle leur production, et non pas les ovaires comme on pourrait le penser. C'est donc une question de banale stimulation mécanique du mamelon qui déclenche la montée du lait. Ce travail de stimulation du mamelon que fait instinctivement le nourrisson, peut être produit mécaniquement, en dehors de toute grossesse. En pratique, pour arriver à ce résultat, il faut produire mécaniquement environ douze stimulations par jour, ce que pourrait produire en fait un tire-lait.

Il faut noter que le lait d'une femme qui allaite un nourrisson de 18 mois est tout aussi riche que celui d'une femme qui allaite un bébé de 3 mois. Certaines études tendent même à montrer qu'il serait légèrement plus riche. Un groupe de chercheurs israéliens a comparé le lait de femmes ayant allaité de deux à six mois au lait de femmes ayant allaité de douze à trente-neuf mois. Pour le premier groupe, la teneur moyenne du lait en matières grasses était de 7 % contre 11 % pour le second groupe. Un litre de lait des femmes du groupe 1 correspondait à 740 calories contre 880 calories pour le groupe 2. Pour la mère, la dépense énergétique pour produire 1 litre de lait se situe entre 740 et 880 calories, ce qui est considérable. L'allaitement, qui est bénéfique pour l'enfant en renforçant son immunité, a aussi un impact au niveau de sa santé future. Les études scientifiques ont ainsi démontré que les allergies, comme le rhume des foins par exemple, étaient moins fréquentes chez les enfants qui avaient été allaités plus de six mois. Le risque allergique était diminué de 29 % pour un allaitement entre six et douze mois, et de 64 % pour un allaitement supérieur à un an. La mère bénéficie également de la prolongation de l'allaitement qui diminue le risque de développer un diabète de type II. Les travaux scientifiques ont montré que les femmes ayant allaité au moins un an avaient une réduction du risque de diabète de 15 % comparativement à celles qui n'avaient jamais allaité. De plus, chaque année d'allaitement supplémentaire diminue le risque de 15 %. Autrement dit, après deux ans d'allaitement, le risque pour la mère de développer un diabète dans le restant de sa vie est réduit de 30 %, ce qui est considérable quand on connaît la fréquence de cette affection à la maturité. Il apparaît donc que l'allaitement maternel déclenche un cycle vertueux tant pour la mère que pour l'enfant. De plus, la perte de poids sera plus rapide après les six premiers mois du post-partum. Il faut cependant être vigilant et surveiller une mère qui allaite sur une longue durée pour être certain qu'elle ne développe pas de carences. Si c'est le cas, le médecin vérifiera les apports alimentaires et, le cas échéant, pourra prescrire des compléments alimentaires adaptés.

Chaque année, de nouvelles études sont publiées qui mettent en avant de nouveaux intérêts de l'allaitement, en particulier sur des durées longues. Percevoir l'allaitement comme une approche de prévention et de santé pour la mère comme pour l'enfant est une nouvelle dimension médicale.

Quant à l'allaitement provoqué en dehors de la grossesse, cela ouvre une autre voie de recherche. Si nous poussons plus loin le raisonnement, que donnerait une lactation quotidienne pendant un an par tireuse de lait chez une femme en dehors d'un contexte maternel ? C'est certainement un tabou profond, mais cela mériterait qu'on y réfléchisse. Quel impact sur le poids, sur le risque de diabète, sur la fréquence des cancers gynécologiques ?

Retarder la ménopause

Au fil de la vie d'une femme, le nombre d'ovocytes (cellules sexuelles féminines qui permettent la reproduction) diminue chaque année et il est évident que toute économie est bonne à prendre. L'âge moyen de la ménopause se situe à 50 ans, mais il existe des écarts importants d'une femme à une autre, entre 45 et 55 ans. La ménopause correspond à la fin du stock d'ovocytes ovariens. De nombreux facteurs interviennent pour expliquer un écart pouvant atteindre dix ans pour l'âge de la ménopause. Il est évident qu'il faut tout faire pour la décaler le plus tard possible car elle s'accompagne de nombreux éléments négatifs comme l'augmentation des risques cardiovasculaires, le risque accru d'ostéoporose, des problèmes cutanés correspondant globalement à une accélération du vieillissement. Des facteurs ethniques existent, comme le fait que les femmes japonaises bénéficient d'une ménopause plus tardive. D'autres données non génétiques interviennent sur lesquelles il est possible d'agir. Dans un précédent ouvrage[1], je mettais en avant le lien entre le taux de cholestérol, la pression artérielle, la consommation de tabac et l'âge d'apparition de la ménopause. En modifiant certains paramètres, on peut arriver à la décaler jusqu'à sept ans plus tard. La raison est simple : les vaisseaux qui irriguent les ovaires sont fins et sensibles aux altérations qui les rendent moins efficaces pour l'irrigation des tissus. Ces altérations précipitent la baisse du stock ovarien.

---

1. Frédéric Saldmann, *La Vie et le Temps*, Flammarion, 2011.

Attraper la toxoplasmose

La toxoplasmose est une maladie répertoriée dans les zoonoses. Les zoonoses sont des affections qui sont transmises à l'homme par les animaux. Dans le cas de la toxoplasmose, les animaux concernés sont surtout les chats (qui sont d'ailleurs souvent contaminés en mangeant des souris), mais aussi les moutons (deux tiers d'entre eux), les porcs (un quart d'entre eux) et les bovins en moindre nombre. Il est possible de savoir si un chat est porteur de la maladie en lui faisant des tests en laboratoire, ce qui a son importance car cette positivité ne s'accompagne généralement pas de symptômes particuliers. La contamination de l'animal à l'homme s'effectue soit en vivant au contact des chats, soit en consommant de la viande crue ou pas suffisamment cuite. Chez l'adulte, la maladie ne présente pas de gravité. Elle ressemble à une grippe banale avec un peu de température, des douleurs musculaires passagères, de la fatigue et quelques ganglions. Sans aucun traitement, tout rentre dans l'ordre spontanément en une semaine. Dans certains cas, le sujet ne présente aucun symptôme et la maladie passe totalement inaperçue. Le seul risque de cette maladie concerne la femme enceinte. En effet, si une future maman attrape la toxoplasmose pendant la grossesse, elle met en danger son fœtus qui risque d'être victime d'une toxoplasmose congénitale dont les complications neurologiques ou oculaires redoutables peuvent aller jusqu'à la cécité. Quand une future maman présente une sérologie négative en début de grossesse, elle devra pratiquer des contrôles sanguins réguliers et suivre de nombreux conseils :
  • se tenir à distance des chats ;
  • éviter la viande de mouton ;

• consommer toutes les viandes très cuites ;
• laver soigneusement les fruits et les crudités, y compris les salades préparées ;
• éviter de manipuler la terre ou de jardiner.

Quand une femme constate par une simple prise de sang qu'elle n'a jamais attrapé la toxoplasmose, il lui est recommandé, pendant qu'elle est sous contraception ou qu'elle est certaine de ne pas être enceinte, de s'exposer à cette maladie en jouant avec des chats ou en consommant des gigots bien rosés par exemple... En attrapant cette maladie bénigne, elle pourra ainsi protéger son bébé le jour où elle aura un projet de grossesse. Malheureusement, la plupart du temps, le premier test de sérologie toxoplasmose est pratiqué au début de la grossesse et, là, il faudra se protéger par tous les moyens contre cette maladie.

• DES ORGANES PAS SI INUTILES QUE ÇA

Les amygdales, l'appendice...

C'est vrai, on peut vivre sans. J'ai souvent entendu cette réflexion après l'ablation de l'appendice ou des amygdales. Dans certains cas, on n'a pas le choix que d'enlever chirugicalement ces organes car, infectés, il risquent de mettre la vie en danger. Mais, actuellement, les choses ont changé. Les médecins pèsent sérieusement le pour et le contre avant d'installer un patient au bloc opératoire. Pour l'appendicite, les progrès de l'imagerie et de l'échographie au scanner permettent maintenant d'éviter des opérations inutiles. Pour les amygdales, les traitements médicaux sont toujours mis en première ligne avant de penser à des opérations qui ne sont plus comme autrefois systématiques à la moindre angine.

La différence, c'est que l'on sait aujourd'hui que ces organes ont un rôle actif dans la lutte de l'organisme contre les infections. Les amygdales interviennent dans la défense immunitaire. Situées juste à l'entrée des voies aériennes et digestives, elles sont un poste avancé pour combattre les microbes. Si elles sont enlevées, les cellules immunocompétentes pourront bien sûr continuer à être produites dans d'autres organes, comme les ganglions ou la mœlle.

Le nombre d'opérations de l'appendicite est passé en France de 300 000 à 83 000 en 20 ans. Deux facteurs contribuent à expliquer ces chiffres. Des moyens diagnostics plus précis, mais aussi une meilleure compréhension de la fonction de cet organe, qui n'apparaît plus comme une excroissance inutile. Certains chercheurs ont mis en évidence qu'elle pourrait intervenir comme une réserve de bonnes bactéries, capables de recoloniser l'intestin après des diarrhées importantes, et aussi de contribuer à la production de cellules immunocompétentes pour protéger des infections. Depuis peu, l'équipe du Pr Rodney Manson, aux États-Unis, expérimente un traitement par antibiotiques pour traiter l'appendicite, ce qui ouvre une nouvelle voie de recherche dans la prise en charge de cette affection.

Le pouvoir subtil des poils

Dans notre société actuelle, les poils n'ont plus la cote. De moins en moins d'hommes portent la barbe ou la moustache et les femmes utilisent *larga manu* les crèmes épilatoires, les épilations définitives ou semi-définitives, les lasers, la cire… tout est mobilisé pour lutter contre les poils. Des découvertes scientifiques viennent pourtant de nous apprendre une utilité des poils insoupçonnée jusqu'à présent. L'étude réalisée a en effet montré que les poils contribuaient à la lutte contre les parasites comme les punaises. Ils en freinent la progression sur la peau et leur présence favorise plus rapidement le repérage des intrus que sur une peau glabre, ce qui permet à la victime de les éliminer d'un revers de main. C'est peut-être la raison pour laquelle les humains sont la seule espèce de primates à être victime des puces...

• LE REGARD QUI SOIGNE

Beaucoup ont peur de se retrouver en contact avec des malades. La peur de la maladie et d'être contaminés les éloigne. En tant que médecin, on m'a souvent posé cette question : comment se fait-il que vous, les docteurs, qui êtes tout le temps en contact avec des malades, n'attrapiez pas tous ces microbes ? Le fait d'être bien vacciné contre la grippe, les hépatites et d'autres maladies n'explique pas tout. Une étude récente réalisée par une brillante équipe de chercheurs canadiens bouleverse les idées reçues.

Regarder des malades booste le système immunitaire

Les chercheurs ont découvert qu'en faisant regarder à des sujets pendant dix minutes des photos désagréables de personnes malades, leurs défenses immunitaires devenaient plus performantes. Les clichés représentaient des personnes souffrant de maladies infectieuses sévères avec des toux productrices, des écoulements épais du nez, des boutons purulents, des pustules et toutes sortes de manifestations infectieuses suffisamment démonstratrices. Les scientifiques ont ensuite pratiqué des prélèvements sanguins sur ces sujets et ont exposé leur sang à des agents infectieux. Les analyses ont montré que les sujets qui avaient regardé les photos avaient produit, à partir de leurs globules blancs, une augmentation du quart de leurs cytokines qui sont des éléments intervenant au niveau de la qualité de la réponse immunitaire.

En pratique, leur système immunitaire était mieux stimulé pour répondre aux agents infectieux. D'autres travaux ont été réalisés en partant de l'hypothèse que ce qui boostait le système immunitaire était en fait la stimulation, quel que soit l'agent utilisé. Les chercheurs ont présenté des photos d'hommes menaçants avec des armes. Les résultats n'ont pas montré de différences significatives au niveau de l'immunité. Cette étude surprenante peut en tous les cas changer l'attitude de certains qui ont tendance à fuir les malades comme des pestiférés.

CHAPITRE 6

CONNAÎTRE LES GESTES QUI SAUVENT ET QUI SOIGNENT

« La vraie liberté est de pouvoir toute chose sur soi. »

MONTAIGNE

Pour de très nombreux symptômes, il existe des solutions simples et manuelles pour soigner et guérir sans avoir recours à des molécules chimiques. Il suffit d'activer des points anatomiques précis du corps pour stimuler des réactions physiologiques. L'idée de se soigner manuellement m'est venue par l'étude de la cardiologie. Dans une discipline aussi rigoureuse, il nous arrive de soigner les patients à mains nues, comme avec le massage cardiaque, par exemple. C'est l'un des plus beaux gestes de la cardiologie. Imaginer qu'en exerçant régulièrement une pression sur un endroit de la poitrine, vous pouvez faire revivre une personne qui était morte quelques instants plus tôt. On peut également soigner des maladies cardiaques avec les doigts. La première fois que je l'ai vu, j'étais étudiant en médecine, il s'agissait d'un jeune homme de 16 ans qui présentait une maladie de Bouveret. La maladie de Bouveret se caractérise par des accélérations importantes du cœur qui se produisent par intermittence. Le cœur qui normalement bat entre 70 et 80 battements par minute peut atteindre jusqu'à 250 battements par minute. Le jeune homme était pâle, couvert de sueurs et se sentait partir. J'observais le réanimateur de garde masser avec ses doigts un point précis du cou et, en quelques secondes, comme s'il avait appuyé sur une détente, un déclic se produisit. Le cœur reprit d'un seul coup son rythme normal. La peau de ce garçon redevint colorée. Il ne ressentait plus aucun malaise. En exerçant une pression sur un point anatomique, une réaction physiologique s'était produite. J'ai découvert qu'en dehors de la cardiologie, il existait de nombreux points au niveau du corps humain qui, bien stimulés, amenaient la guérison. Chaque fois que c'est possible, apprenez à vous dépanner vous-même sans avoir recours au médecin ou au pharmacien.

• GÉRER LES SITUATIONS D'URGENCE

L'arrêt cardiaque et les pathologies du cœur

Cinquante mille de nos compatriotes meurent chaque année d'un arrêt cardiaque. Je regrette infiniment que le massage cardiaque ne soit pas mieux connu, quand on sait que moins de 20 % des témoins d'un arrêt cardiaque le pratiquent. Je pars du principe qu'il vaut mieux un massage cardiaque amateur que pas de massage cardiaque du tout. Si l'on ne fait rien, on ne donne aucune chance de survie à la victime. Si cela vous concerne un jour, voici les gestes de base à effectuer.

• Vérifiez que le patient est inanimé.

• Appelez les secours (15, 18).

• Placez la victime sur un plan dur, mettez vos mains l'une sur l'autre en plein milieu du thorax, en maintenant vos bras tendus.

• Appuyez environ cent fois par minute en se servant de tout le poids de votre corps pour enfoncer la cage thoracique de plusieurs centimètres.

• Relâchez bien entre chaque compression et continuez en attendant l'arrivée des secours.

Il ne faut pas hésiter à poursuivre le massage cardiaque le plus longtemps possible. En 1998, suite à un arrêt cardiaque au bloc opératoire, le ministre Jean-Pierre Chevènement a bénéficié d'un massage cardiaque de cinquante-sept minutes. Le cœur est reparti après presque une heure de massage et le ministre est ressorti quelques jours plus tard de l'hôpital sans aucune séquelle.

Je souhaite également vous parler du coup de poing sternal. C'est une méthode qui peut faire repartir le cœur en cas d'arrêt cardiorespiratoire. Le geste consiste à porter un coup de poing violent sur le sternum de la victime, ce qui correspond à un choc électrique de faible intensité. C'est pour cette raison que certains l'appellent le choc électrique du pauvre. En pratique, il arrive que, dans près d'un quart des cas, le cœur reparte après ce geste s'il est effectué juste après l'arrêt cardiaque. Lorsque des témoins assistent à ce type de réanimation, ils sont toujours choqués de voir un médecin frapper un patient avec une telle vigueur…

En introduction, je parlais de certaines maladies cardiaques, comme la maladie de Bouveret qui se soigne par une simple pression des doigts sur un point précis du corps. Pour comprendre comment fonctionne ce type de traitement, il faut rappeler quelques notions médicales. Dans le corps, il existe un nerf (dit vague) qui est une sorte de frein pour empêcher le cœur de battre trop vite. En stimulant ce nerf, le médecin appuie sur la pédale frein et le cœur reprend son rythme normal.

Il existe plusieurs façons de stimuler ce nerf. Le massage carotidien unilatéral pendant vingt secondes ne peut être pratiqué que chez des sujets jeunes dont les artères sont exemptes d'athérome. La compression modérée des globes oculaires pendant trente secondes produit le même effet. Il est cependant contre-indiqué chez les sujets présentant des décollements de rétine, un glaucome, une myopie, portant des lentilles de contact ou ayant subi une intervention récente chirurgicale sur l'œil. Pour la petite histoire, c'est pour cette raison que des scientifiques ont noté la baisse de la fréquence cardiaque quand une personne se frotte les yeux. Il existe d'autres façons de stimuler le nerf vague. Par exemple, en mettant le doigt sur la luette au fond de la gorge pour provoquer une réaction de vomissement ou, moins agressif, en buvant très vite un grand verre d'eau glacée.

Dans d'autres cas, le nerf vague trop stimulé peut provoquer un malaise vagal. Ce malaise peut provoquer un bref évanouissement en raison du débit sanguin devenu insuffisant pour apporter le sang oxygéné au cerveau. La fréquence cardiaque baisse trop, occasionnant une chute de la pression artérielle. La victime devient pâle et s'effondre. Un geste utile est de surélever les jambes à 90 degrés, pour mieux irriguer le cerveau en attendant l'arrivée des secours.

Les fausses routes

Le plus souvent, ce sont les enfants et les personnes âgées qui sont victimes de fausses routes. L'événement survient à l'occasion d'un repas au cours duquel la personne avale par inadvertance un corps étranger comme un petit os ou le noyau d'un fruit qui, au lieu de descendre normalement dans l'estomac, vient bloquer les voies aériennes. Quand les choses se passent bien, le sujet réussit à cracher le corps étranger à l'occasion de fortes quintes de toux. Mais, dans d'autres cas, les efforts de toux ne suffisent pas à déloger l'intrus et la personne s'étouffe littéralement. Il arrive que le corps étranger provoque une asphyxie en bloquant la trachée.

Si le sujet s'asphyxie, il ne faut pas perdre de temps. Les secours risquent d'arriver trop tard. Le premier geste est de se mettre debout à côté du sujet pour lui maintenir le thorax penché en avant et de lui administrer une série de fortes claques dans le dos. Malgré ces efforts, il arrive que la personne continue de s'asphyxier. Le passage de l'air est totalement interrompu et plus aucun son ne sort de la bouche de la victime. Elle ne tousse plus du tout. Dans ce cas, on changera de position en se plaçant derrière son dos, un pied entre ses deux pieds. Il faut mettre votre poing au niveau du creux de l'estomac, sous le sternum, l'autre main servant à recouvrir votre propre poing, puis exercer une série de tractions très fortes vers soi et vers le haut (mouvements en J). Une personne seule et sans secours peut avec ses poings pratiquer cette manœuvre, dite d'Heimlich, en cas d'asphyxie par corps étranger. Chez la femme enceinte ou le nourrisson, il n'est pas possible de pratiquer cette manœuvre. Il faut procéder différemment. J'ajoute qu'il ne faut jamais suspendre une personne par les pieds ni mettre le doigt dans sa bouche pour la faire vomir (risque de vomissement avec inhalation).

Arrêter un saignement ou une hémorragie

Le saignement de nez bénin peut être arrêté simplement par la pression des doigts. Il faut commencer par s'asseoir sur une chaise ou sur le sol. Le premier geste est de se moucher soigneusement pour faire sortir d'éventuels caillots. Il faut ensuite pencher la tête en avant (pour que le sang ne coule pas dans la gorge et ne déclenche des vomissements). Il ne reste plus qu'à comprimer fermement les ailes du nez avec le pouce et l'index pendant dix minutes sans interruption pour que la coagulation puisse se réaliser et que le saignement cesse. Bien entendu, si une seule narine saigne, il suffit de comprimer uniquement le côté qui saigne.

Dans d'autres cas, les doigts peuvent sauver une vie pour arrêter une hémorragie avant que les secours n'arrivent. Il peut s'agir d'une plaie survenue par accident sur un membre et provoquant une hémorragie qui engage le pronostic vital. Le geste qui sauve est simple. Il suffit d'appuyer fortement de façon continue sur la plaie avec les doigts ou la main entière pour empêcher le sang de sortir le temps que les secours n'arrivent sur place. Pour des raisons d'hygiène, chaque fois que cela est possible, il faut interposer un linge entre la main et la plaie. Trop souvent hélas, des victimes d'accidents décèdent devant un entourage impuissant. Il existe une autre origine des hémorragies : les ruptures de varices des jambes. Cette rupture peut entraîner la mort par son' intensité. En attendant le Samu, il faut allonger la victime, surélever la jambe à 90 degrés pour arrêter l'hémorragie et effectuer une compression avec la main sur le point d'où jaillit le sang.

• SOIGNER LA SPHÈRE ORL

Masser ses gencives,
le socle naturel des belles dents

Des gencives saines sont essentielles pour maintenir des dents en bon état. Le brossage des dents après chaque repas est évident, mais les soins gingivaux quotidiens améliorent encore plus la qualité des dents. En prenant la gencive entre le pouce et l'index, on peut effectuer un massage doux et efficace pour la santé bucco-dentaire. Le massage stimule la microcirculation sanguine au niveau des gencives, ce qui est très utile en particulier dans les zones sensibles ou endolories.

C'est un geste simple et quotidien qui renforce considérablement la solidité des dents. L'été, si vous allez vous baigner après le déjeuner, utilisez l'eau de mer pour effectuer ce massage aquatique, vous bénéficierez en plus de l'effet antiseptique de l'eau de mer.

Se déboucher le nez

Quand le nez est bouché, la vie perd de son intensité, car les sensations agréables générées par l'odorat disparaissent. L'air qui a du mal à entrer dans les fosses nasales donne une impression d'effort pour respirer qui· se traduit par une sensation de fatigue. Il peut également se produire une perte d'appétit, ou une baisse de l'attirance sexuelle pour son conjoint. Le nez sert aussi à nettoyer, humidifier et réchauffer l'air qui va rentrer dans nos poumons.

Il faut savoir qu'il existe un cycle nasal. En moyenne toutes les trois heures, une narine se bouche partiellement, comme si elle se mettait au repos. Ensuite, c'est l'autre narine qui se bouche partiellement et ainsi de suite, ce qui fait que nous ne respirons en permanence complètement que d'un seul côté. La durée du cycle peut varier selon les individus entre une et cinq heures. Ce phénomène correspond à une alternance de vasoconstriction et de vasodilatation des petites artères du nez. Les vaisseaux de la muqueuse nasale reçoivent des stimulations des nerfs sympathiques qui provoquent une vasoconstriction des vaisseaux.

Il existe un geste simple à effectuer pour déboucher votre nez. Il suffit d'appuyer fermement pendant trente secondes avec le pouce entre les deux sourcils et en même temps d'appuyer fermement avec la langue sur le haut du palais. L'effet est immédiat et provoque un confort nasal très agréable. Sur le plan anatomique cela correspond à stimuler des nerfs sympathiques spécifiques (certains situés dans le ganglion sphénopalatin) qui réagissent en provoquant une vasoconstriction nasale qui débouche le nez. C'est comme si l'on produisait naturellement des gouttes nasales pour déboucher le nez sans aucun danger d'utilisation, ce qui n'est pas le cas de certains traitements.

Physiologiquement le nez peut se boucher ou se déboucher spontanément dans certaines circonstances. À l'effort, en courant par exemple, le nez se débouche, ce qui donne une sensation de bien-être. À l'inverse, il arrive que le nez se bouche lors de rapports sexuels, ce phénomène étant plus marqué chez l'homme qui prend des médicaments du type Viagra.

Il est important que le nez soit bien humidifié, l'air trop sec pouvant être parfois à l'origine de saignements. Voici un petit geste agréable que vous pouvez tester facilement et qui provoque un bien-être nasal formidable. Avant le coucher, placez deux cotons imprégnés d'eau dans chaque narine pendant deux minutes, puis retirez-les. Non seulement, cela vous apportera une sensation de confort très agréable mais, selon certains spécialistes, cette astuce diminuerait le ronflement nocturne.

Dans un autre domaine, si vous avez de l'eau dans les oreilles et le nez en sortant de l'eau, il existe quelques gestes utiles pour l'évacuer. Pour le nez, il suffit bien sûr de se moucher et, pour les oreilles, il faut pencher sa tête en avant sur le côté afin que l'eau puisse sortir naturellement.

Lutter contre les yeux secs

Près d'un tiers de la population souffre de sécheresse des yeux. Une telle fréquence s'explique par de nombreux facteurs : la pollution urbaine, la fumée de cigarette, la poussière, le fait de travailler devant un écran et l'âge. En effet, en vieillissant, les glandes lacrymales ne produisent plus assez de larmes, en particulier après la ménopause. Le fait d'avoir les yeux secs s'accompagne de nombreux désagréments. Beaucoup de personnes se plaignent de sensation de grains de sable dans les yeux, de picotements ou d'irritation, de sensibilité particulière au froid ou à la lumière. La fatigue oculaire est le symptôme le plus fréquent. Cette fatigue oculaire n'est pas anodine car elle va donner à tort l'impression d'une fatigue générale. Le soir, quand on est exténué, l'un des signes caractéristiques est le fait d'avoir les yeux qui piquent et qui ne demandent qu'à se fermer pour enfin dormir. En pleine journée, les yeux secs, chez quelqu'un qui est en forme et bien réveillé, vont déclencher un signal réflexe au niveau du cerveau, comme si le sujet était déjà très fatigué.

Traiter les yeux secs est donc nécessaire. Les yeux sont lubrifiés grâce aux glandes de Meibomius situées dans les paupières, qui ont pour mission de sécréter une substance huileuse protégeant l'œil des agressions extérieures. Au fil du temps, cette huile devient plus dense et peine à sortir de ces glandes, ce qui provoque la sécheresse oculaire.

Pour soulager vos yeux, il existe une méthode simple et efficace qui repose sur deux principes clés : réchauffer et masser vos paupières pour permettre à l'huile, devenue ainsi plus fluide, de sortir. Pour réchauffer, je recommande d'utiliser un gant humide chaud ou des compresses qu'il faudra laisser en place dix minutes sur les paupières. Avant de les appliquer sur les yeux, il est prudent de tester la température sur le dos de la main. Une fois réchauffée, cette huile sortira pour lubrifier vos yeux grâce à un petit massage doux et circulaire pratiqué avec les doigts. Il ne faut surtout pas oublier de vous laver les mains avant de pratiquer le massage des paupières. Il est conseillé de pratiquer ce petit traitement une ou deux fois par jour tant que persiste ce symptôme. Si cela ne suffit pas, il faudra consulter l'ophtalmologiste qui pourra vous prescrire différents collyres à appliquer à de nombreuses reprises dans la journée. Je vous conseille également de changer les taies d'oreiller au minimum une fois par semaine pour une meilleure hygiène, et notamment des paupières.

Il convient de signaler une étude japonaise récente qui a mis en évidence l'effet de la caféine sur la production des larmes oculaires. Les chercheurs nippons ont remarqué que le fait de consommer quatre tasses de café par jour ou dix tasses de thé diminuait de façon significative la fréquence des yeux secs. Cette observation est née de la constatation que les personnes qui buvaient ces quantités de boissons se plaignaient moins de ce type de pathologie.

• Soigner les problèmes du quotidien

Le hoquet

Le hoquet se manifeste souvent après un repas copieux ou vite ingurgité, un éclat de rire, une toux ou après avoir fumé. Le hoquet occasionnel ne présente pas de gravité, à l'inverse d'un hoquet récidivant ou persistant qui nécessite un bilan médical. Il existe de petits moyens simples pour stopper le hoquet, et certaines personnes sont plus sensibles à une technique qu'à une autre. C'est pourquoi il vaut mieux les connaître et les tester. La plus simple et la plus connue des solutions est de boire un grand verre d'eau. Vous pouvez tenter aussi la manœuvre de Van Wiljick, qui consiste à bomber le plus possible la poitrine et à rapprocher les omoplates en reculant les épaules en arrière pendant dix secondes. N'hésitez pas à jouer sur le rythme respiratoire en vous arrêtant brièvement de respirer ou à adopter des mouvements lents de respiration. Pour sourire, il faut rappeler les travaux scientifiques du Professeur Odeh, qui a proposé avec succès un traitement très surprenant pour guérir les hoquets récalcitrants aux différents médicaments et manœuvres physiques classiques. Il les a arrêtés par massage digital rectal. Il est parti du principe que le rectum est innervé par certaines fibres nerveuses qui, stimulées, provoquent par réflexe l'arrêt du hoquet. Il est évident que cette méthode très particulière n'a été proposée que dans les hoquets rebelles à toute autre forme thérapeutique.

Le point de côté :
appuyer là où ça fait mal

Le point de côté est une douleur aiguë bien connue des sportifs amateurs et parfois professionnels. Il se situe le plus souvent sous les côtes, mais peut également toucher les clavicules, les intestins ou l'estomac. Sa fréquence peut baisser si l'on prend soin de démarrer progressivement l'effort, de bien s'hydrater, ou d'éviter de faire de l'exercice en pleine digestion. Il existe enfin quelques gestes à connaître pour le faire disparaître quand le point de côté survient. En appuyant fermement sur la zone douloureuse, l'effet est souvent rapide. Sinon, il suffit de se pencher en avant en expirant l'air des poumons et le point de côté disparaît.

Savoir cracher

La plupart des gens ont souvent de grandes difficultés à cracher, pour des raisons de culture ou de gêne. En temps normal, ne pas cracher ne crée pas de problème particulier. Mais lorsque les sécrétions bronchiques se trouvent en excès dans l'organisme, elles ont tendance à générer une toux grasse récidivante. Certains optent pour des sirops ou des antibiotiques alors que le fait de bien savoir cracher résout le problème facilement. La technique qui donne de bons résultats se nomme l'expectoration dirigée. Dans un premier temps, il faut pratiquer une inspiration la plus forte possible. Je recommande de s'entraîner en le faisant plusieurs fois de suite pour s'appliquer a augmenter la capacité thoracique. Une fois que l'air a été inspiré à fond, il faut l'évacuer en poussant sur les muscles abdominaux et en soufflant fort pour l'obliger à sortir avec vigueur. En reprenant l'exercice à plusieurs reprises, le sujet parvient à cracher et à bien nettoyer ses poumons. Je vous conseille de vous isoler pour ne pas vous sentir gêné par l'entourage. En mettant en pratique cette petite astuce, vous obtiendrez un résultat formidable : une sensation de poumons propres et de respirer à pleins poumons.

Le mal de mer

Bon nombre d'entre nous ont un jour ressenti ces nausées désagréables à l'occasion d'une balade en mer et se sont ainsi privés d'un agréable moment. Pour éviter ce désagrément, il existe un exercice très simple. Allongez-vous sur le dos, à même le sol près d'un mur. Placez ensuite vos deux jambes contre le mur à la perpendiculaire pendant deux minutes. Cela soulage très vite. Par ailleurs, une fois relevé, ne fermez pas les yeux et fixez un point le plus loin possible à l'horizon sans regarder les vagues, vous profiterez ainsi pleinement de la croisière.

De l'aérophagie à l'indigestion :
deux doigts, c'est tout

Quand l'estomac est distendu, on ressent vite une sensation de malaise. Cela se produit lorsque l'on avale trop d'air au cours d'un repas. On mange vite en parlant, le tout arrosé de boissons gazeuses et sans faire attention à la pression de l'air dans l'estomac, ce qui provoque une sensation de fin de repas copieux, qui va nécessiter des heures avant de s'estomper. C'est une sensation d'inconfort et de lourdeur très désagréable. Dans d'autres cas, il s'agit de ce que l'on appelle une indigestion : l'estomac n'arrive plus à évacuer les aliments qui ont été consommés en trop grandes quantités. Il ne faut pas confondre l'indigestion avec une intoxication alimentaire qui s'accompagne de diarrhée, parfois de vomissements ou de fièvre. Dans le cas d'une indigestion, il s'agit simplement d'un excès : trop d'aliments en un même repas avec trop de graisses, d'alcool, de charcuteries, de pâtisseries et de sauces. Débordé par cet excès de nourriture, l'estomac est trop plein pour évacuer le bol alimentaire vers les intestins. Le tout s'accompagne d'une forte pesanteur gastrique, de nausées, parfois de fatigue et de maux de tête, de malaise et, dans tous les cas, d'un appétit coupé.

Qu'il s'agisse d'un excès d'air dans l'estomac ou d'une indigestion, il existe dans les deux cas un geste simple pour aider l'estomac à évacuer l'air en excès. Il suffit de placer légèrement les deux doigts au fond de la gorge ce qui va provoquer une évacuation de l'excès d'air sans pour autant provoquer de vomissement. C'est un soulagement immédiat qui évite de se sentir nauséeux avec une haleine chargée pendant une journée ou une nuit entière.

Faire disparaître les crampes

Je ne parlerai ici que des crampes occasionnelles du mollet qui peuvent se produire de façon sporadique et qui sont sans facteur de gravité. La crampe correspond à une contraction musculaire qui touche un muscle en partie ou dans sa totalité. La crampe survient brutalement de façon involontaire. Les autres crampes récidivantes ou dans d'autres localisations nécessitent un bilan médical. Certains facteurs sont connus pour favoriser les crampes : la déshydratation, l'alcool, le tabac et le froid. Quelques réflexes simples existent pour arrêter de souffrir, comme tout simplement la marche qui peut suffire à faire disparaître la crampe. Une autre méthode consiste à tirer le gros orteil doucement en arrière et à étirer le muscle. Le soulagement est rapide.

Traiter l'éjaculation précoce

De nombreux hommes souffrent d'éjaculation précoce. C'est un trouble qui gâche leur vie et celle de leur partenaire. Elle se définit par plusieurs critères. Un délai entre la pénétration du pénis et l'éjaculation inférieur à une minute, une incapacité à pouvoir retarder l'éjaculation et une insatisfaction du couple. Dans d'autres cas, l'éjaculation se produit après une stimulation brève avant même la pénétration. Ce trouble est très mal perçu par les hommes qui ressentent un sentiment de honte, de colère envers eux-mêmes, de culpabilité et de perte de confiance en soi.

Dans tous les cas, il faut dédramatiser la situation et ouvrir le dialogue au sein du couple pour aider à la résoudre. Il arrive que, lors d'un premier rapport sexuel avec une nouvelle partenaire, une éjaculation prématurée se produise. Mais, dans ce cas, le phénomène disparaîtra progressivement au fil des rapports suivants. Dans les autres cas, il faut prendre en charge ce trouble qui entraîne anxiété et frustration. Alors que la sexualité est un phénomène générateur d'épanouissement et de détente, l'éjaculation précoce fait perdre tous les bienfaits de la sexualité sur l'organisme par le stress et la frustration.

Il existe une méthode simple et efficace pour traiter l'éjaculation précoce, appelée le *squeeze*. La méthode a été parfaitement définie par deux scientifiques américains, Masters et Johnson, et elle réussit à soigner la plupart des hommes souffrant d'éjaculation précoce. Il s'agit d'une technique de rééducation progressive réalisée par les deux partenaires. Ainsi, au fil des semaines, cette technique permet d'allonger le temps de l'éjaculation pour atteindre ensuite une durée normale. Au début de la pénétration, la partenaire place ses doigts sur la verge de l'homme, au niveau du gland, le pouce d'un côté et l'index et le majeur de l'autre côté. L'index se situant juste sur la tête du gland, alors que le majeur se situe juste sous la tête du gland. Lorsque l'homme sent que l'éjaculation risque de se produire, il le signale à sa partenaire qui, à ce moment, doit serrer fortement la verge entre le pouce et les deux doigts. Il faut utiliser systématiquement cette méthode au fil des rapports tant que la durée de l'éjaculation ne satisfait pas les partenaires. Par la maîtrise progressive de l'éjaculation, il se produit une véritable rééducation de la sexualité masculine. Parfois, cela prendra plusieurs semaines, voire plusieurs mois. S'il n'y a pas de progrès avec cette méthode, il existe d'autres solutions thérapeutiques que prescrira le médecin traitant.

CHAPITRE 7

S'ÉPANOUIR SEXUELLEMENT

« C'est quoi la passion ?
C'est une attirance irrésistible.
Comme celle d'une aiguille magnétique
qui a trouvé son pôle. »

MADELEINE CHAPSAL

À en juger par les sondages, les publicités suggestives et, soyons honnêtes, nos pensées quotidiennes, la sexualité est au cœur de nos préoccupations. Pourtant, elle reste source de beaucoup de malentendus, et d'idées reçues, comme le prouve le nombre croissant de consultations de sexologues. Ces thérapeutes sont nombreux à confirmer que leurs patients arrivent souvent totalement perdus entre le flot d'informations « officielles » dont ils sont abreuvés, et leur propre pratique. Dans notre société compétitive, on confond en effet souvent *performance* sexuelle et *épanouissement* sexuel. Une sexualité heureuse est pourtant la base d'une bonne santé physique et mentale. Il est donc temps de remettre quelques pendules à l'heure.

• RETROUVER SA LIBIDO

Se poser les bonnes questions

La base de la sexualité repose sur la libido, que l'on peut définir comme l'énergie relative à la pulsion sexuelle. Pour les hommes comme pour les femmes, tout part de la première étincelle, de l'envie qui porte vers l'autre. En dehors de facteurs psychologiques qui peuvent jouer sur la libido, il existe des facteurs physiologiques et biologiques très concrets qui peuvent l'augmenter, ou au contraire la diminuer. Il est évident que la libido apparaît plus importante chez le sujet jeune que chez le sujet âgé et qu'on constate de très nombreuses variantes d'un sujet à l'autre. Les circonstances, le choix d'un partenaire peuvent intervenir, mais, parfois, les choses se jouent ailleurs.

La baisse de la libido est un phénomène fréquent qui peut survenir à n'importe quelle période de la vie. Il pousse chacun à s'interroger sur le désir sexuel pour l'autre, en essayant de comprendre pourquoi l'attirance vers le ou la partenaire diminue. Avant de se poser des questions métaphysiques, il faut toujours rechercher si ce passage à vide ne correspond pas à la prise d'un médicament. En effet, certains médicaments ont pour effets secondaires une baisse de la libido, il suffit de regarder le dictionnaire Vidal pour s'en convaincre. Il peut s'agir par exemple de médicaments pour faire baisser le cholestérol ou plus simplement de certaines pilules contraceptives qui provoquent une baisse du désir et de l'excitation sexuelle. Dans ce cas, il suffit d'un changement de contraception et la libido repart comme un feu d'artifice... Bref, si vous prenez un traitement, même anodin, lisez bien la notice ou interrogez votre médecin pour voir si votre thérapeutique n'interfère pas avec votre vie sexuelle.

L'alimentation

De nombreuses recherches portent aujourd'hui sur l'incidence de certains aliments sur la libido. En dehors des légendes et d'éventuels effets magiques de tel ou tel aliment, non vérifiés scientifiquement, il est particulièrement intéressant de se pencher sur de nouvelles solutions originales.

Les pistaches et l'érection

Habituellement, quand des propriétés nutritionnelles sont retrouvées dans un nutriment, il faut en consommer des quantités astronomiques incohérentes avec nos habitudes alimentaires pour pouvoir commencer à en bénéficier. L'exemple de l'ail est démonstratif : il faudrait ingurgiter une gousse d'ail crue par jour pour obtenir de légers effets bénéfiques pour la santé ! Même si c'est positif, le sujet qui suit cette recommandation s'expose à une solitude profonde, notamment en raison de son haleine ! Avec la pistache, c'est différent : 30 grammes cinq fois par semaine, ce qui correspond à 170 calories, donnent des résultats. La pistache contient des acides gras insaturés, des fibres et des phytostérols, dont l'action hypocholestérolémiante est bien connue. L'industrie agroalimentaire propose en effet aujourd'hui des margarines ou des yaourts avec des phytostérols qui permettent de diminuer objectivement le taux de cholestérol de 10 à 15 %. Le taux de phytostérols de la pistache est de 279 milligrammes par portion de 100 grammes, ce qui la place dans le peloton de tête des aliments riches en phytostérols. La pistache est également riche en antioxydants dont l'anthocianine. Cependant, il faut savoir que le fait de griller les pistaches diminue son contenu en anthocianine (un puissant antioxydant), il est donc préférable de les manger crues. L'autre composant anti-âge de la pistache est le resvératrol. Pour compléter la liste des nutriments, elle contient du cuivre, de la vitamine B6, B1, K, E, du phosphore, du fer, du manganèse, du magnésium, du potassium, du zinc et du sélénium. Je regrette néanmoins que les pistaches présentées soient aussi salées. Nous consommons suffisamment de sel sans en prendre ainsi inutilement. Choisissez donc des pistaches nature.

L'étude la plus surprenante sur les pistaches ne porte pas sur la prévention des maladies cardiovasculaires, mais sur la sexualité. Le Pr Aldemir en Turquie (Aldemir *et al.*, 2011) a montré un effet bénéfique sur l'érection chez l'homme, concomitant avec une amélioration du profil lipidique sanguin. Il n'a noté aucun effet secondaire suite à cet apport quotidien de pistaches pendant les trois semaines qu'a duré l'expérimentation.

La grenade, toujours la grenade…

La grenade n'en finit pas de démontrer ses bénéfices santé grâce à de nouvelles études. En 2012, une étude réalisée à Édimbourg a mis en évidence le fait que la consommation de jus de grenade à raison d'un verre pendant deux semaines chez 60 volontaires hommes et femmes donnait des résultats très intéressants. Le dosage de testostérone dans la salive augmentait en moyenne de 24 % chez les hommes et les femmes. De même, l'étude a montré une légère baisse de la pression artérielle et une amélioration de l'humeur.

Des moyens simples qui marchent

Il est évident que la sédentarité, l'absence d'exercice physique, le tabac, l'alcool en excès et le manque de sommeil sont autant de facteurs qui diminuent nettement la libido, chez l'homme comme chez la femme. Il faut également souligner que les capacités sexuelles peuvent être influencées négativement ou positivement par certaines drogues ou certains aliments. Par exemple, de petites quantités d'alcool, comme un verre de vin ou une coupe de champagne, ont une action désinhibitrice qui facilite les rapports sexuels, alors que plusieurs verres provoquent l'effet inverse avec une sexualité en berne. Les drogues comme la cocaïne ou le cannabis baissent également les performances sexuelles. Des études chez le rat ont montré que de faibles quantités de caféine optimisaient les relations sexuelles. Voilà peut-être un nouveau filtre d'amour pour éviter que le (ou la) partenaire ne s'endorme trop tôt en oubliant son conjoint...

La durée idéale du rapport sexuel :
l'étude révolutionnaire

Le sexe a un pouvoir puissant mais, comme je l'écrivais en introduction, il est aussi à l'origine de nombreuses idées reçues qui peuvent justement perturber l'épanouissement d'une sexualité harmonieuse. La bonne durée du rapport sexuel fait partie des sujets sensibles qui tracassent en sourdine de nombreux couples. Certains en parlent librement entre eux, d'autres se taisent, mais dans tous les cas la question plane. Pour en avoir le cœur net, des scientifiques canadiens et américains, les professeurs Corty et Guardiani, ont mené une étude pour savoir quelle était la durée idéale d'un rapport sexuel. La durée du rapport a été calculée en partant de l'instant de la pénétration dans le vagin jusqu'à l'éjaculation. Les couples ont ensuite noté les durées et les commentaires relatifs au plaisir sexuel ressenti. Les résultats ont beaucoup surpris les chercheurs. Les rapports de trois à sept minutes ont été classés comme corrects par les couples. Ils ont été notés comme désirables quand ils duraient de sept à treize minutes. Ils ont été jugés trop courts quand ils duraient entre une et deux minutes. Les participants les ont considérés comme trop longs quand ils se prolongeaient entre dix minutes et une demi-heure ou plus.

Les données de cette étude bousculent complètement les stéréotypes véhiculés à propos de la durée idéale des rapports (soit une vingtaine de minutes). Ainsi, le rapport long ne correspondait pas aux critères de plaisir retenus par les participants de l'étude, comme si le trop devenait l'ennemi du mieux. Ces données sont importantes pour le bon équilibre sexuel. En fait, beaucoup de couples pensent être en dessous de la norme. Ces idées reçues génèrent de la frustration, de la déception, jusqu'à des épisodes dépressifs avec dévalorisation de soi. Ils pensent faire mal, alors qu'ils font très bien les choses ! Remettre les éléments dans les réalités biologiques et physiologiques s'avère parfois nécessaire. Cela permet de déculpabiliser certains, de mieux jouir d'un rapport sexuel sans chercher à atteindre des performances impossibles. C'est aussi une des clés de la joie de vivre et du bonheur.

Le fait de tomber amoureux est actuellement passé au crible par des équipes scientifiques dans le monde entier. Le scanner et l'IRM permettent aujourd'hui, grâce à des nouvelles techniques, de pouvoir lire ce qui se passe à l'intérieur du cerveau des amoureux. Les analyses biologiques poussées décryptent le pouvoir de substances sécrétées au moment des rencontres ou des actes amoureux. Résultat, nous apprenons que pour tomber amoureux, il ne faut pas plus qu'un cinquième de seconde et cela mobilise pas moins de douze aires différentes à l'intérieur du cerveau. L'état amoureux provoque une immense euphorie comparable à l'action de drogues. Le filtre d'amour a d'autres actions encore. C'est un mécanisme anti douleur efficace, puisque des chercheurs de l'Université de Stanford ont démontré que le fait de regarder son amoureux réduit la douleur comme le feraient des médicaments mais sans effets secondaires et avec un risque d'accoutumance sans aucun danger.

• QUAND LES CHOSES SE PASSENT MAL...

La sexualité franchit parfois malheureusement les limites et passe du normal au pathologique. Voici deux exemples éloquents.

Les troubles de l'érection : du priapisme aux fractures du pénis

Le priapisme correspond à un état d'érection prolongé qui dépasse trois heures, sans être accompagné d'une stimulation sexuelle. Habituellement, l'érection est assurée par l'équivalent d'un système hydraulique. Le sang entre par l'artère caverneuse qui correspond à un premier tuyau. La partie gonflable, qui donne la rigidité de l'érection, est assurée par les corps caverneux. Les veines dorsales de la verge laissent ou non sortir le flux sanguin. Ces données anatomiques expliquent pourquoi les hommes qui présentent des artères défectueuses ont des érections qui manquent de fermeté et de stabilité. Quand les artères qui sont chargées d'apporter le flux sanguin nécessaire à une bonne érection s'encrassent, le diamètre du vaisseau rétrécit et le sang passe moins bien. Les grands responsables de ces plaques qui freinent le passage sont connus : le tabac, la sédentarité, le cholestérol, une tension artérielle trop élevée, trop de sucre dans le sang et un stress mal contrôlé. Il faut savoir que, lorsqu'un patient au-delà de 40 ans présente des troubles de l'érection, le médecin contrôle systématiquement ses artères coronaires pour s'assurer qu'il ne présente pas de risque d'infarctus du myocarde.

Quand un homme souffre de priapisme, le médecin recherchera différentes causes pour expliquer ce phénomène. À titre d'exemples, certaines leucémies, des troubles de la coagulation, certains médicaments ou des drogues peuvent provoquer cette situation qui s'avère très douloureuse pour le sujet. À chaque fois, les équipes médicales proposent un traitement pour soulager le sujet : efforts physiques, rapports sexuels et éjaculations répétées, réfrigération au niveau du pénis ou prescription de médicaments. Dans près de la moitié des cas, aucune cause n'est d'ailleurs retrouvée pour expliquer ce priapisme.

En quelques années, la sexualité masculine a complètement changé grâce aux progrès scientifiques. Même certains phénomènes comme les fractures du pénis sont désormais bien diagnostiqués et traités. Ce terme de « fracture » est en fait un excès de langage, car le pénis ne comporte pas d'os central (sauf chez certains mammifères, comme le chat). La rupture de la gaine fibreuse qui entoure les corps caverneux provoque une douleur violente. Cet accident se produit quand l'homme force trop au moment de la pénétration ou dans certaines positions acrobatiques. Le traitement comporte selon les cas l'immobilisation du pénis et parfois même de la chirurgie suivie de longues périodes d'abstinence. Voilà peut-être une illustration du vieil adage « qui veut aller loin, ménage sa monture »…

Vaillant jusqu'à 100 ans

Les progrès de la médecine permettent aujourd'hui d'assurer à un homme même âgé une sexualité parfaite. La prescription de testostérone par crème ou de simples patchs permet dans certains cas d'augmenter le désir sexuel. La chirurgie peut déboucher une artère ou corriger une fuite veineuse. Des médicaments de plus en plus actifs agissent pour obtenir des érections de qualité. Les traitements de l'éjaculation précoce offrent enfin la possibilité de résoudre cet inconvénient dont souffrent certains hommes. L'éjaculation précoce se définit par un délai entre la pénétration et l'éjaculation inférieur à une minute avec une impossibilité de retarder l'éjaculation. Malgré les efforts des partenaires sexuels pour dédramatiser la situation, beaucoup d'hommes souffrent de honte et d'atteinte à leur virilité. Les progrès thérapeutiques sont maintenant d'un grand confort pour les sujets concernés.

Le syndrome féminin
d'excitation génitale persistante

Chez les femmes, l'excès pathologique existe aussi. Le syndrome d'excitation génitale persistante est maintenant bien connu. Les femmes qui en sont atteintes présentent une excitation sexuelle permanente avec la sensation d'orgasmes imminents. Elles ressentent une hypersensibilité dans les régions clitoridiennes, vaginales, des grandes lèvres et parfois dans la région périanale. Ce syndrome se manifeste par des épisodes pouvant durer de plusieurs heures à plusieurs jours et un orgasme ne permet pas de soulager la personne qui en souffre. Des recherches ont tenté d'expliquer ce syndrome. Une équipe néerlandaise vient de découvrir le lien avec les mouvements d'impatience des jambes, « les jambes sans repos », qui donnent un début de piste pour analyser ce trouble. D'autres scientifiques travaillent sur des origines qui pourraient être en relation avec des phénomènes hormonaux.

• LES SECRETS DU *FRENCH KISS*

Les Français sont connus dans le monde entier pour le fameux *french kiss*. C'est le long baiser profond et amoureux, bouche contre bouche avec la langue. Ce baiser est un message subtil pour transmettre des sentiments qu'il est parfois difficile d'exprimer par la simple parole. C'est un échange qui active de nombreux sens comme le goût, l'odorat ou le toucher. Cette pratique, qui étonne bon nombre d'Anglo-Saxons, est une vraie pépite de notre patrimoine culturel.

La biochimie du baiser :
l'alchimie du bien-être

Les recherches scientifiques permettent maintenant de comprendre les mécanismes qui se produisent exactement lors d'un baiser. Des études ont porté sur des couples d'étudiants hétérosexuels à qui l'on demandait de s'embrasser pendant quinze minutes. Les analyses de salive et de sang étaient effectuées pour rechercher les substances hormonales pouvant être sécrétées à cette occasion. Les recherches ont mis en évidence trois étapes :

• La salive participe à la croissance du désir sexuel car elle contient de la testostérone. La testostérone, tant chez l'homme que chez la femme, déclenche une pulsion sexuelle plus forte. C'est la dimension sexuelle du baiser.

• Dans un deuxième temps, entre en jeu la sécrétion de dopamine, que l'on peut qualifier d'hormone du plaisir. C'est la dimension romantique du baiser.

• Enfin, dans un troisième temps, la sécrétion d'ocytocine, l'hormone de l'attachement à l'autre et du bien-être, donne la dimension « naissance du couple » après le premier baiser.

Les résultats ont souligné que le baiser intervenait également comme un moyen inconscient pour évaluer le partenaire. En pratique, environ 60 % des hommes et des femmes déclarent que, suite au premier baiser, ils avaient cessé de poursuivre une relation avec le ou la partenaire.

Un baiser fonctionne comme une gâchette qui va libérer des flux d'hormones dont les effets sont excellents pour la santé. Parmi elles, il y a libération de petites quantités d'endorphines. Ces molécules proches de la composition de la morphine, mais en petites quantités et sans danger pour la santé, produisent une sensation de douce euphorie et de détente. Pour compléter ce feu d'artifice hormonal, il faut ajouter la dopamine. La dopamine est un neurotransmetteur du plaisir et de la récompense, que le cerveau libère à l'occasion d'une expérience qu'il juge bénéfique. Il est intéressant de noter que la dopamine intervient aussi dans les différents processus d'addiction comme la drogue. Je préfère de loin l'addiction au baiser qui est naturelle... Il suffit d'un baiser passionné d'une durée minimum de vingt secondes pour déclencher ce cataclysme hormonal. Certains scientifiques, comme les Pr Gallup ou Fischer ont par ailleurs émis l'hypothèse que la salive masculine contiendrait d'infimes quantités de testostérone qui, transmises à la femme, boosteraient sa libido.

Le baiser et les massages : des antistress efficaces

Par ce cocktail d'hormones, le baiser agit comme un formidable antistress naturel. Il faut savoir que la salive contient également des phéromones, majoritairement chez les hommes. Des études scientifiques ont montré que ces phéromones modifient l'état émotionnel de la partenaire féminine lorsqu'elle reçoit la salive de son partenaire. En étudiant les changements hormonaux des hommes et des femmes après un baiser prolongé, il a été observé une baisse du cortisol, que l'on peut qualifier de marqueur biologique du stress. En pratique, le baiser intervient donc comme un antistress puissant et qui ne présente aucun danger, à l'inverse de certains médicaments. Il peut y avoir une accoutumance liée au plaisir généré, mais aucune contre-indication et aucun effet secondaire. Ce qui laisse supposer que les Français, qui sont les plus gros consommateurs mondiaux d'anxiolytiques, ne s'embrassent pas assez !

Les massages offrent également un puissant pouvoir antistress. Il faut mettre en avant les travaux du Pr Ditzen à Zurich (Ditzen *et al.*, 2007). Elle a testé deux méthodes de soutien psychologique différentes. Elle a ainsi réuni des couples dont la femme était chargée de prononcer un discours en public, ce qui génère un stress. Dans un premier groupe, le mari devait la rassurer avec des mots doux et réconfortants et, dans le second groupe, pratiquer un massage de dix minutes sur le cou et les épaules. Les analyses ont montré que seul le groupe des femmes massées bénéficiait de l'effet antistress avec une baisse du cortisol dans leur salive et une fréquence cardiaque plus lente.

> **Se séparer pendant une semaine
> n'est pas bon pour la santé**
>
> Les travaux d'une équipe américaine ont porté sur l'impact d'une séparation de quatre à sept jours sur la santé d'un couple. Il a été observé qu'un nombre significatif de couples présentait des facteurs de stress, dont une mauvaise qualité du sommeil qui se traduisait biologiquement par une augmentation du cortisol. La fréquence cardiaque était également augmentée. Il a été noté que le fait qu'un partenaire ait de nombreux contacts amicaux ou professionnels extérieurs diminuait ce stress. En revanche, la présence des enfants au domicile n'intervenait pas comme un facteur de réduction du stress.

• AUGMENTER SON POUVOIR DE SÉDUCTION

*La puissance du regard :
les quatre minutes fatidiques*

Oscar Wilde avait vu juste en prétendant que « la beauté est dans les yeux de celui qui regarde ». Une étude scientifique réalisée aux États-Unis vient de démontrer la puissance incroyable qui peut se libérer par l'intensité d'un simple regard. Le Pr Aron a constaté que le fait de fixer intensément du regard un partenaire produit un impact décisif sur le déclenchement des sentiments de la personne fixée. Pour réaliser ces travaux scientifiques, il a réuni des hommes et des femmes qui ne se connaissaient pas au préalable. Il les a ensuite assortis par couple, en choisissant chaque partenaire au hasard. Pendant la première demi-heure, il a demandé à chaque couple qui venait de se former de parler de sa vie quotidienne, d'échanger toutes sortes de détails même intimes. Au bout de trente minutes, il a imposé aux couples de ne plus prononcer un mot et de se fixer les yeux dans les yeux dans un silence complet pendant précisément quatre minutes. La majorité des participants a reconnu, suite à ce regard prolongé les yeux dans les yeux, une profonde attraction pour le partenaire inconnu une demi-heure plus tôt. En pratique, six mois plus tard, deux couples participant à cette étude s'étaient mariés.

Je dois reconnaître que ces quatre minutes m'ont intrigué, surtout quand j'ai découvert que des hypnotiseurs entraînés réussissaient à mettre des sujets en état de sommeil en seulement cinq secondes. J'ai recherché des explications du côté des praticiens qui utilisent l'hypnose dans leur exercice. L'hypnose est une technique utilisée depuis très longtemps. Déjà, en 1878, à l'hôpital de la Salpêtrière à Paris, le Pr Charcot l'utilisait pour traiter des patients présentant des manifestations d'hystérie. Les hypnotiseurs considèrent qu'il existe des forces inconnues dans le regard qui permettent de plonger le sujet dans un état entre veille et sommeil. Cet état se caractérise d'ailleurs par des ondes spécifiques bien visibles sur le tracé de l'électroencéphalogramme. Cet état frontière entre veille et sommeil est un moment de vulnérabilité au cours duquel les mécanismes de défense baissent la garde. Il s'ouvre alors une voie de passage fulgurante vers l'inconscient.

Sur un plan technique, les hypnotiseurs considèrent qu'il est à la portée de tous d'apprendre à utiliser la capacité d'hypnose dans le regard. Il suffit de s'exercer. Ils insistent tout particulièrement sur la capacité de fixation du regard, l'absence de clignement des paupières et le diamètre de la pupille. Concernant les pupilles, il existe deux situations. Les pupilles dilatées portent le nom de mydriase (à l'inverse, pour les pupilles qui se contractent, on parle de myosis). La dilatation des pupilles peut correspondre à un état physiologique particulier ou bien à la prise de certains médicaments ou de maladies. En pratique, la consommation d'alcool ou de stupéfiants peut provoquer cette dilatation, mais aussi simplement l'adaptation naturelle des yeux qui passent de la lumière à l'obscurité. Une émotion intense comme l'échange d'un baiser peut également provoquer cette mydriase. Pour revenir à votre vie quotidienne, n'hésitez jamais à jouer de votre regard, dont la puissance est bien supérieure à celle des mots. En fixant intensément votre partenaire, yeux grands ouverts et sans regarder ailleurs, vous obtiendrez des résultats surprenants.

Oser découvrir ses vraies orientations sexuelles

À l'instar d'Hippocrate qui disait sagement : « Tels sont les yeux, tel est le corps », une équipe renommée de scientifiques américains a soumis 325 volontaires, hommes et femmes, à la vision de vidéos très érotiques. En utilisant des lentilles infrarouges, ils ont mesuré la dilatation des pupilles en temps réel en fonction des différentes scènes des films. Ils ont constaté que les hommes hétérosexuels dilataient leurs pupilles à la vue des femmes, les hommes homosexuels à la vue des hommes. À l'inverse, les femmes dilataient leurs pupilles autant pour des scènes mettant en jeu des hommes que des femmes. Les femmes lesbiennes présentaient des réponses se rapprochant des hommes hétérosexuels.

L'intérêt de cette étude a permis de montrer le désir réel que ressent un homme ou une femme en dehors des conventions sociales, des interdits et des tabous. Des hommes ou des femmes peuvent avoir des tendances fortes pour le même sexe sans jamais oser les exprimer, du fait de leur éducation ou de leur entourage. Mal dans leur peau, ils risquent de développer des états dépressifs ou des modes de compensation comme l'excès de tabac, d'alcool ou de nourriture. Le principe du « Connais-toi toi-même » est la base d'une vie épanouie pour se sentir bien à chaque instant. Quand une personne construit sa vie en contradiction avec sa nature profonde, elle ne fera que se mentir à elle-même et à son entourage. Vivre en faisant semblant donne une teinte grise à la vie, et provoque une immense fatigue inexpliquée. Il faut par conséquent rendre hommage aux volontaires de cette étude scientifique qui a été réalisée avec minutie, pour le courage qu'il leur a fallu pour découvrir ou révéler leurs tendances profondes.

Le vrai pouvoir des larmes

Les larmes féminines envoient des signaux particuliers aux hommes. Pour les découvrir, des chercheurs ont étudié l'effet que produisent les larmes des femmes sur les hommes. Ils ont noté que les larmes entraînaient une baisse de l'excitation et du désir sexuel chez les hommes. Pour réaliser cette étude, les chercheurs israéliens ont fait pleurer des femmes en leur projetant des films tristes. Les scientifiques ont recueilli les larmes, puis les ont fait renifler aux hommes. Les sujets ne savaient pas ce qu'ils sentaient. L'expérimentation a montré que, suite à la mise en contact de cette odeur de larmes, les hommes avaient une baisse de la testostérone et du désir sexuel. L'examen IRM a confirmé les données en montrant une nette diminution de l'activité des zones cérébrales concernées. Une femme qui pleure déclenche l'émission de signaux chimiques qui provoquent une baisse de la testostérone chez l'homme. La testostérone est une hormone qui augmente le désir des hommes vers les femmes. Des chercheurs britanniques ont d'ailleurs démontré que l'attraction des hommes pour les visages féminins est directement corrélés au niveau de la testostérone. Plus cette hormone est haute, plus le désir est fort. Les larmes féminines interviennent comme un extincteur du désir masculin par l'émission de signaux olfactifs. Pour l'instant, l'analyse chimique des composants n'est pas connue, de même que les études n'ont pas encore porté sur les signaux des larmes masculines. Certaines femmes devraient peut-être réfléchir avant de pleurer pour séduire, car l'effet produit risque bien d'être contraire...

L'art de la persuasion

Certains hypnotiseurs travaillent les techniques de persuasion en jouant sur des mécanismes bien particuliers. Ils s'efforcent de parler le moins possible en gardant une posture distante et mystérieuse. Tout en maintenant une attitude profondément calme, ils se montrent à la limite de l'antipathie, ne répondant pas ou à peine aux questions posées, attendant quelques interminables secondes avant de serrer une main tendue. L'hypnotiseur reste le plus possible en retrait, immobile, tout en poussant son interlocuteur à se livrer le plus possible. Il ne parle pas ou très peu, endort l'esprit critique, et pousse inconsciemment l'autre à en faire de plus en plus pour se faire aimer de celui qui détient un pouvoir et qu'il n'arrive toujours pas à séduire.

Séduire davantage pour conquérir ce qui paraît impossible, c'est commencer à se soumettre au pouvoir de celui qui refuse un sourire ou qui fait comme si vous ne comptiez pas pour lui. C'est le contraire de la séduction qui attire l'autre. C'est l'exemple typique de certaines jeunes femmes qui ne sont absolument pas attirées par les hommes trop flatteurs, et qui vont leur préférer le *bad boy* rustique et malotru, dont elles rêvent de devenir la petite amie. La séduction repose ici sur la mise en évidence d'un manque pour l'autre, en faisant scintiller ce qu'il n'a pas pour l'attirer davantage. Ce manque secoue les fondations de l'individu en lui montrant ses limites, ce qui fait alors immédiatement remonter à la surface tous ses complexes conscients ou inconscients pour expliquer le fait qu'il n'arrive pas à séduire : se sentir trop petit ou trop grand, trop gros ou trop maigre, trop pauvre ou fille à papa, trop vieux ou trop jeune.

Des centaines de variantes existent, qui constituent les ressorts de névroses personnelles. Activés, ces mécanismes pousseront à séduire par tous les moyens. Celui qui connaît ces techniques, que je qualifierais d'antiséduction, devient un séducteur hors pair. Mais ceci nécessite une grande maîtrise de soi et un talent d'observateur futé et affûté. Cette démarche fonctionne à l'opposé des réflexes naturels d'un individu, qui consistent à séduire de façon réflexe par des sourires et des compliments. Cela oblige à un temps d'attente pour mieux sentir une situation et surtout pour se concentrer sur l'écoute de l'autre. L'écoute est un élément essentiel. Se concentrer sur ce que l'on vous dit, sans penser à ce que l'on va répondre nécessite une très haute concentration. Très peu de personnes savent réellement écouter, parlent pour parler et personne n'écoute vraiment ce que dit l'autre. Celui qui découvre l'écoute attentive des autres prend un réel pouvoir sur eux, comme le psychanalyste avec son patient, le prêtre avec le fidèle...

CHAPITRE 8

ÉLIMINER LE STRESS
ET LA DÉPRIME

« Commencez par changer en vous ce que vous
voulez changer autour de vous. »

GANDHI

Ce n'est un secret pour personne, nous sommes de grands amateurs d'anxiolytiques et d'antidépresseurs. La France serait la deuxième plus grosse consommatrice d'anxiolytiques en Europe et au moins 1 Français sur 5 en consommerait[1]. Ces molécules, commercialisées en masse dans les années 1960, ont certes permis de guérir beaucoup de patients et qu'on prenne enfin au sérieux des pathologies bien réelles, comme le stress chronique ou la dépression nerveuse. Simplement, toute médaille a son revers. Se placer sous une camisole chimique peut à la longue s'avérer néfaste, car ces médicaments comportent de nombreux effets indésirables : accoutumance, troubles de la mémoire, diminution de la libido, incapacité à faire face aux événements de la vie... Là encore, il existe des moyens préventifs simples et naturels pour entretenir son mental : la gestion naturelle de son stress, la pratique du bonheur (oui, le bonheur s'apprend !), la méditation...

1. Source : Affsaps, 2012.

• HALTE AU STRESS !

Juste une mise au point

Voilà un mot que l'on entend souvent : « je suis stressé », « mon boulot est stressant », « mes enfants me stressent »... Bref, le stress est mis à toutes les sauces. De nombreux ouvrages et articles sont consacrés à cette « maladie du siècle », et je ne vais pas vous répéter ici ce que vous avez sans doute déjà lu maintes fois. Je tiens juste à vous rappeler quelques points, qui sont importants à garder en mémoire avant d'aborder des techniques naturelles de guérison.

Le stress est une réaction normale de l'organisme, qui lui permet de réagir face à des stimulations agréables ou désagréables provenant de l'extérieur. Sous l'effet du stress, votre corps produit de l'adrénaline pour vous pousser à agir, puis différentes hormones (endorphines, cortisol...) pour vous permettre de faire face et de prendre des décisions. Donc si vous n'étiez soumis à aucun stress, vous seriez une sorte de couleuvre ! Malheureusement, lorsque nous sommes trop stimulés (suractivité, compétition accrue...), trop agressés (contrariétés de la vie, frustrations, pression au travail...) ou tout simplement fatigués, l'organisme n'a plus l'occasion de se détendre entre deux phases de stress : il ne gère plus les stimulations de l'extérieur et se « grignote » lui-même, avec un cortège de manifestations désagréables : anxiété, maladies psychosomatiques, malaises, troubles psychologiques, insomnie, irritabilité, troubles alimentaires... C'est là qu'il faut réagir, avant qu'il ne soit trop tard.

Le *burn-out* ou la limite du stress

Lorsque votre organisme est soumis à des stress répétés et non contrôlés, il va finir par s'épuiser et ne plus savoir comment réagir. C'est la phase ultime du stress, qui peut s'avérer désastreuse pour la santé. On parle beaucoup en ce moment de *burn-out*, ou syndrome d'épuisement professionnel. C'est là un cas typique de stress prolongé engendré par l'activité professionnelle. Les agents stressants peuvent être de différents ordres : mauvaise ambiance, pression du supérieur hiérarchique, objectifs non atteignables, incompatibilité avec la vie privée, temps de trajets trop longs, surinvestissement de son travail...

Dans un premier temps, l'organisme réagit comme il peut face au stress. C'est dur, mais on y croit encore et on ne s'écoute pas trop. Dans un deuxième temps, comme pour un moteur de voiture, le corps n'a plus de carburant mais il continue à essayer d'avancer, avec beaucoup d'efforts. Et puis un jour, c'est la panne sèche : on ne peut plus se lever pour aller travailler et la souffrance est telle qu'elle provoque un arrêt de travail, ce qui engendre culpabilité, dévalorisation de soi, voire dépression. Vous l'aurez compris, le stress doit être pris très au sérieux et savamment dosé afin d'éviter de telles dérives.

Sans recourir aux médicaments ni aux potions magiques, il existe des moyens d'une simplicité extrême et totalement gratuits pour réduire votre stress. Car une chose est certaine : il est impossible d'éliminer le stress de nos vies, il faut donc apprendre à vivre avec.

• LES MOYENS PHYSIQUES

Le toucher

Les Américains pratiquent souvent le « *hug* » pour se saluer, lorsqu'ils se retrouvent en couple ou entre amis. Le *hug* est une sorte d'accolade affectueuse qui consiste à serrer l'autre dans ses bras en le pressant. Il produit une intimité physique, les bras pouvant se nouer autour du cou ou s'appliquer avec affection sur le dos. Il traduit selon les circonstances de l'amitié, de l'amour, en tous les cas de la convivialité et de la familiarité. C'est une forme d'échange romantique dans un monde moderne, un vecteur d'émotion, de bonheur et de chaleur humaine, un signal fort de bienvenue et d'ouverture.

En Inde, une femme du nom de Amma a pratiqué ce *hug* sur plus de 30 millions de personnes. Cette femme, que beaucoup considèrent comme une divinité, est connue pour apporter à travers le *hug* de nombreux bienfaits à la personne qui le reçoit. Dans ces moments, elle transmet le *darshan*, une puissante énergie spirituelle. J'ai observé une cérémonie où Amma pratiquait cette accolade à des centaines de fidèles et j'ai eu moi-même le privilège d'être serré dans ses bras. C'est une expérience unique qui se vit avec émotion. On a l'impression d'une immense énergie positive qui vous entoure, vous protège et vous apaise, une sorte de *flash-back* pour revenir à ses fondamentaux, à ce qui est essentiel, pour retrouver le chemin de son authenticité. C'est à ce moment précis que j'ai compris ce que j'avais lu sur le visage des fidèles après ce contact : un prodigieux sentiment de quiétude et de sérénité.

Une équipe de chercheurs aux États-Unis vient de décrypter pour la première fois les bienfaits du *hug*, tel qu'il se pratique dans leur pays. Pour cela, ils ont réalisé plusieurs études qui ont toutes abouti aux mêmes conclusions. Dans leurs recherches, ils ont réuni 59 femmes entre 20 et 49 ans qui avaient depuis six mois le même partenaire, qu'elles soient mariées ou pas. Ils ont ensuite comparé un groupe qui ne recevait jamais de *hug* à un groupe qui recevait des *hugs* répétés de leurs conjoints. Ils ont ainsi mis en évidence que cette pratique augmentait la sécrétion d'ocytocine – l'hormone que l'on peut qualifier de l'attachement à l'autre et du bien-être –, diminuait la fréquence cardiaque et la pression artérielle tout en réduisant le stress.

Dans le contexte de contacts rapprochés, les massages sont également souvent cités comme une source de bien-être. Ils contribuent à la sérénité et la relaxation, en construisant un univers apaisant. Ils diminuent le stress tout en permettant de mieux reconnecter le corps et l'esprit. Se faire masser est un indicateur fort d'une décision de se prendre en charge. Jusqu'en 2012, il manquait des études scientifiques sérieuses pour démontrer de façon objective l'effet des massages sur la santé. Les travaux du Pr Mark Tarnopolsky au Canada viennent de mettre en évidence les effets anti-inflammatoires du massage, avec une composante de régénération et de récupération au niveau des muscles. Les scientifiques ont travaillé sur un groupe de sportifs qui, après un effort significatif, bénéficiaient d'un massage prolongé sur une seule de leurs jambes. Les chercheurs ont ensuite effectué de petits prélèvements de muscles avant et après l'effort sur les jambes massées et non massées. Les résultats ont été étonnants. Les analyses ont retrouvé un effet anti-inflammatoire notoire sur les jambes massées, comme si un médicament anti-inflammatoire avait été injecté localement. Ils ont également mis en évidence l'augmentation du nombre de mitochondries dans les cellules, indiquant que le rendement des muscles devenait meilleur. Les mitochondries participent en effet à la production d'énergie cellulaire. Les chercheurs ont même réussi à comprendre le mécanisme biologique à l'origine de ces effets bénéfiques. En effet, lorsque la main du masseur exerce des pressions sur la peau, cela déclenche une série de réactions biologiques. Les récepteurs situés à la surface des cellules initient des messages qui activent des molécules appelées kinases, lesquelles, à leur tour, activent des gènes spécifiques connus pour intervenir dans la lutte contre l'inflammation.

Le massage

L'équipe du Pr Flechter, aux États-Unis, vient de tenter une expérience insolite. Il a soumis des cellules cancéreuses d'une tumeur du sein à une pression de 0,05 bar, soit l'équivalent de la pression ressentie 50 centimètres sous l'eau et ceci pendant 30 minutes. Contre toute attente, un tiers des cellules cancéreuses ont arrêté leur prolifération et ont repris une forme normale, qu'elles ont conservée après l'arrêt de la pression. Elles se sont remises à communiquer entre elles normalement. C'est l'ouverture d'une voie de recherche inattendue de la place de la pression digitale sur le corps humain.

Le sourire protecteur

Même si vous souriez en vous forçant, vous vous faites du bien. C'est le résultat de recherches récentes. L'étude a porté sur 170 volontaires, qui étaient soumis à des situations stressantes. Dans le groupe qui acceptait de sourire de façon obligatoire, les médecins ont remarqué que les sujets étaient nettement moins sensibles au stress. Cette observation s'est traduite par une diminution de la fréquence cardiaque provoquée par des sourires répétés lors de stress. Le stress est très nuisible à la santé. Il est à l'origine de nombreuses pathologies, comme les maladies cardiovasculaires.

Cependant, comme nous l'avons dit, il est impossible de vivre dans un environnement sans stress, et cela serait même dangereux car l'organisme a besoin d'un minimum de stress quotidien pour stimuler ses défenses. Nous disposons en permanence d'un pouvoir pour lutter contre les situations stressantes. Le sourire forcé baisse immédiatement le niveau de stress, faisant ainsi du bien à nos cellules. Si l'origine du stress provient de la personne qui se trouve en face de vous, en adoptant des sourires forcés répétés, vous vous décontracterez et, à l'inverse, vous verrez monter le stress de votre interlocuteur. Faites le test. Si vous souriez spontanément et naturellement, cela marche tout aussi bien, mais c'est moins facile à contrôler.

Il ne faut pas hésiter à sourire le plus souvent possible. Sourire génère des ondes positives autour de vous, une impression de succès qui rend séduisant. Vous paraîtrez moins fatigué et plus jeune. De plus, la bonne humeur produite par ces sourires est très contagieuse. Essayez de penser à des choses tristes ou négatives et de sourire en même temps et vous comprendrez alors toute la puissance protectrice du sourire…

• APPRENDRE À SE LIBÉRER MENTALEMENT

Faire taire notre gendarme mental

En mai 1968, sur les murs de Paris, il était écrit partout : « Le flic est en toi. » C'est encore vrai aujourd'hui, mais plus insidieusement. L'agent de police, le parent ou le professeur trop autoritaire sont des « cibles » faciles à repérer donc à combattre, ignorer ou fuir. Mais quand l'ennemi ressemble à un allié, un ami ou à l'image de ce qu'il faut penser pour faire partie d'un groupe, la partie n'est pas simple et peut bloquer une vie en cassant ses possibilités. Beaucoup de personnes détiennent en elles un immense potentiel qu'elles ne vont jamais utiliser, des rêves d'enfant qui n'auront jamais la moindre traduction dans la vie adulte. C'est tout ce qui éloigne les êtres de ce qu'ils sont vraiment, de leurs centres de gravité, du bonheur, tout simplement. Très tôt dans la vie, des messages sont émis dans cette direction avec plus ou moins d'intensité. Avec des « mange pour faire plaisir à Maman » et « finis ton assiette », combien de personnes, devenues adultes, finissent leurs assiettes alors que ce n'était pas bon du tout ou qu'elles n'ont plus faim ? Elles ont inconsciemment l'impression qu'elles seront moins aimées si elles ne se plient pas aux règles. Apprendre à ne pas finir son assiette en étant à l'écoute de ce que l'on ressent vraiment est un premier pas vers le bonheur… Il est très difficile de se libérer du regard inconscient d'une personne bienveillante, mais c'est le prix de la liberté. Dans d'autres cas, certains se mettent à boire, à fumer, à se droguer pour faire partie d'un groupe qui leur propose une identité. Mais en même temps, ils se détruisent progressivement et raccourcissent leurs vies. Cela peut être aussi le choix d'un conjoint qui correspond à un message subliminal de ce qui est bien pour les parents, les amis ou, pire, les images de héros de feuilletons télévisés. C'est comme cela que s'enclenchent des vies ratées, des enfants malheureux, une sensation de mal-être qui n'en finit pas. Le choix d'une profession peut fonctionner de la même façon : on choisit son métier en fonction de son entourage, et non pas de nos aspirations profondes…

Apprenez à dire non !

Voilà en vrac quelques petites idées pour apprendre à vous libérer :
• Déclinez une invitation si vous vous sentez trop fatigué.
• Ne portez pas cette veste dont tout le monde vous dit grand bien si vous n'êtes pas à l'aise dedans.
• En soirée, quand vous tombez de sommeil et que l'on vous propose le dernier verre, rentrez chez vous.
• Quand le téléphone sonne et que ce n'est pas le moment, ne décrochez pas. Si c'est urgent, vous le saurez toujours.
• N'acceptez pas cette promotion si vous sentez, au fond de vous, que vous n'en serez pas capable ou qu'elle ne vous convient pas.

Se confronter à la réalité pour briser ses chaînes

Pour être heureux, il faut savoir briser les chaînes visibles et invisibles afin que la vie corresponde à celui qui la vit. C'est un chemin difficile et qui demande parfois de l'aide, car nous ne voyons pas toujours ce qui nous enferme malgré nous. Dans les cas difficiles, la psychanalyse peut permettre de se libérer et de se découvrir tel que l'on est dans la réalité. Je regrette que, en France, la psychanalyse demeure taboue. Pour beaucoup, aller chez le psychanalyste, c'est se considérer comme **fou**. C'est là une profonde erreur, car cette technique de psychologie permet de mettre au jour des mécanismes bloqueurs installés pendant l'enfance comme des freins qui brident le moteur de la vie. Il faut souvent de l'aide pour les repérer, car il est difficile de les désamorcer seul, un peu comme un chirurgien qui tenterait de s'opérer tout seul.

149

Les défenses

Les défenses psychologiques rendent ce parcours particulièrement difficile. Pour imaginer à quoi correspond une défense, représentez-vous un point à vif, très douloureux sur votre bras. Si quelqu'un essaie de le toucher, même de l'effleurer, vous allez le repousser par réflexe, avec violence. Lorsque vous serez à nouveau confronté à la même situation, vous serez sur vos gardes et vous réagirez encore plus vite et plus fort. Les psychanalystes connaissent parfaitement ces mécanismes de défense. C'est pour cette raison qu'ils s'approchent avec prudence des points sensibles, comme on le ferait pour déminer une bombe, et que l'analyse dure parfois plusieurs années. Mille précautions sont prises pour arriver au but. Ceci explique aussi pourquoi nous pouvons repousser avec violence les proches qui nous disent la vérité. Ils peuvent avoir raison mais ils appuient sans le savoir sur un mécanisme de défense qui les neutralise. Quelqu'un de neutre et d'éloigné du contexte affectif permet de mieux avancer. On comprend pourquoi l'Ordre des médecins recommande à un médecin de ne pas soigner sa famille, à un chirurgien de ne pas l'opérer, à un psychanalyste de ne pas prendre en charge ses proches. Désamorcer une défense est un travail long et difficile mais l'enjeu en vaut la chandelle : redonner la liberté à celui qui l'avait perdue.

Le transfert

Le transfert est une autre difficulté qui se produit à l'occasion d'une psychanalyse. Je parle là de la naissance de sentiments entre l'analyste et l'analysé. Par exemple, le psychanalyste peut, à un moment donné, représenter le père ou la mère. Ces transferts affectifs vont brouiller les pistes et pousser à monter en puissance les mécanismes de séduction. Chercher à séduire l'autre, c'est tenter de se montrer tel que l'on n'est pas dans la réalité. Vouloir montrer ce que l'on pense être le meilleur côté de soi-même n'est pas du tout se montrer tel que l'on est.

C'est mettre en avant des fausses pistes pour égarer l'autre en pensant le séduire. Le risque est ensuite de tout faire pour correspondre à l'image que l'on a donnée et qui est censée séduire l'autre. Cela revient à s'enfermer dans une prison, à répéter le même scénario d'une pièce de théâtre, à dissoudre ce que l'on est vraiment. C'est la perte de l'authenticité.

Pour se libérer, il ne faut justement pas se situer dans un mécanisme quelconque de séduction, mais au contraire oser apparaître tel que l'on est. C'est certainement un risque de la psychanalyse qui, révélant les individus à eux-mêmes dans ce qu'ils sont vraiment, les rend étrangers à leur vie. Le danger de rupture, qu'elle soit affective, sociale ou professionnelle, est grand quand une personne décide d'aller couper les liens invisibles qui la bloquaient. Choix délicat certes, mais c'est aussi le prix de la liberté et du bonheur.

• ÉVITER LA DÉPRIME

Comme pour le stress, la « déprime » fait partie de notre vocabulaire quotidien et nous en avons tous fait l'expérience à certains moments de notre vie. La déprime se caractérise par une fatigue physique et morale, des ruminations, l'impression de voir « le verre à moitié vide ». On a moins d'entrain pour se lever, les choses paraissent peu ou pas intéressantes et toute activité semble difficile. La déprime peut survenir à des moments difficiles de la vie, ou bien quand tout semble terne et routinier. On peut aussi considérer à tort qu'on est déprimé, tout simplement parce que nous ne sommes pas continuellement heureux et que nos journées ou nos semaines sont faites d'alternances d'humeurs. La déprime est différente d'une dépression, qui se caractérise par les mêmes symptômes mais plus graves (tout est ralenti et le sujet ne semble plus sensible à rien), et sur une durée qui excède quinze jours consécutifs. Il faut évidemment consulter un médecin si vous ou l'un de vos proches êtes dans ce cas de figure. La déprime, quant à elle, ne dure pas et peut être combattue par des techniques naturelles.

Cultiver le bonheur

Toutes les recherches scientifiques récentes montrent que le bonheur est un gage de longévité en bonne santé. En effet, les personnes heureuses présentent des télomères plus longs. Les télomères sont des petits manchons au bout de nos chromosomes qui diminuent progressivement avec le vieillissement. Plus les télomères sont courts, plus des maladies comme les cancers, la maladie d'Alzheimer ou les maladies cardio-vasculaires apparaissent. Il se trouve que, à âge égal, les sujets ayant les télomères les plus longs sont les gens les plus heureux… Toute la question est de savoir comment être heureux et quantité de livres sont publiés sur ce thème, vous offrant mille et une recettes pour voir la vie en rose. Pour l'instant, le bonheur ne s'enseigne pas dans les écoles, ce qui est dommage. Il existe pourtant une exception : une université américaine propose aujourd'hui des cours sur le bonheur et ce n'est pas n'importe quelle université, puisqu'il s'agit de Harvard, la plus prestigieuse. Cet enseignement fait salle pleine. Quand on sait que, aux États-Unis, les cours sont payants, on comprend l'immense intérêt des étudiants pour cette nouvelle discipline.

Oui, le bonheur s'apprend et ce n'est pas forcément une évidence que d'être heureux. Il dépend davantage d'un état d'esprit et d'un regard particulier sur la vie que des circonstances matérielles extérieures. Certains sont heureux avec trois fois rien et d'autres, à la tête d'immenses fortunes, vivant dans des familles aimantes et équilibrées, présentent un état dépressif chronique. Il semble exister une alchimie mystérieuse dont certains jouissent, leur donnant une force et un bien-être immenses. Les événements extérieurs ont peu de prise sur eux, et ils disposent d'une formidable puissance : la capacité d'être heureux dans la plupart des circonstances de la vie. Pour accéder à cet état qui change complètement la donne d'une vie, il faut néanmoins s'astreindre à un certain parcours. Je propose de vous donner ici quelques outils qui, je l'espère, contribueront à vous aider à trouver votre chemin vers un bonheur durable.

Les équilibres instables

Imaginez des hommes et des femmes qui rejoignent enfin leurs rêves. Pendant des mois, des années, ils ont concentré toute leur énergie pour accéder à l'objectif qu'ils se sont fixé, sans lâcher prise à aucun moment. Ils sont sûrs et certains que quand ils l'atteindront, qu'ils toucheront au bonheur absolu, au nirvana pour l'éternité. Plus ils se rapprochent du but, plus leurs désirs montent en puissance. Il peut s'agir d'un amoureux ou d'une amoureuse qui cherche à conquérir celui ou celle à l'origine d'un coup de foudre, un diplôme difficile à obtenir enfin décroché, une fortune faite après de nombreux efforts. Retrouvons ces personnes ne serait-ce que cinq ans plus tard. Le désir créé par le manque a disparu, l'amour exacerbé par le manque n'est plus le même. Comme des gagnants du loto, ils ne savent plus quoi faire de leur vie, quel sens lui donner quand on a tout ce que l'on peut désirer. Cela devient comme une retraite anticipée où l'univers se rétrécit jour après jour. C'est là tout le paradoxe. On court après un idéal et quand on l'atteint, le puissant moteur du désir s'arrête. Le carburant du

La psychologie positive

Ce courant de psychologie, né aux États-Unis, arrive depuis peu chez nous et il risque de bousculer beaucoup d'idées reçues. Pendant longtemps, la psychologie s'est attelée à déceler, décrypter et soigner ce qui allait mal chez les gens. On partait donc du principe un peu négatif que la personnalité d'un individu était surtout définie par ses traumatismes et ses névroses. Dans les années 1970, certains chercheurs ont pensé *a contrario* qu'il serait intéressant de mettre en avant les facteurs qui contribuaient à l'état de bien-être et au fonctionnement optimal d'un individu. Dans cette perspective, la psychologie positive, née à la fin des années 1990, s'intéresse aux forces et aux valeurs qui animent un sujet, dans tous les secteurs de sa vie (vie personnelle, travail, famille, spiritualité…). En améliorant ses forces et ses valeurs, et notamment ses points forts, on contribue à renforcer son bonheur.

bonheur est justement le désir, ce qui complique les choses. Le temps d'une personne heureuse passe vite, très vite. Celui d'une personne qui s'ennuie passe très lentement. Bergson définissait le temps comme le jaillissement ininterrompu d'imprévisibles nouveautés. Cette définition nous ouvre une porte pour apprendre à être heureux quand on a réussi à obtenir tout ce que l'on voulait. Le mouvement permanent est l'une des clés du bonheur. Cela veut dire de se mettre en danger, de savoir prendre des risques, de redécouvrir le manque pour découvrir de nouvelles sensations. Les changements nous obligent à nous adapter sans arrêt afin de recréer de nouveaux équilibres, de nouvelles façons d'être heureux. Il faut apprendre à se lancer des défis en permanence, rencontrer de nouvelles difficultés à surmonter pour se sentir mieux. L'histoire n'est jamais finie. Le mouvement de la vie est synchrone avec le mouvement du bonheur. L'immobilité détruit tout, les fonctions intellectuelles, le potentiel musculaire mais aussi l'aptitude au bonheur.

Arrêter le film pour jouir de la scène

Il est essentiel de savoir s'arrêter pour mieux jouir de la vie. C'est l'inverse d'un voyage organisé tout compris, dans lequel vous devez absolument cocher toutes les attractions touristiques sans omettre de faire les photos à l'endroit que l'on vous indique pour immortaliser l'instant. Au retour, vous pourrez dire « j'y étais et je n'ai rien manqué ». Je pense que, à la rigueur, la visualisation d'un film sur le pays produirait les mêmes effets. La clé, c'est justement de savoir s'arrêter le temps nécessaire pour rentrer en résonance avec un paysage, une scène de marché ou le regard neuf d'un enfant. Faites un arrêt sur image et pensez à chacun de vos sens : l'ouïe, l'odorat, la vue, le goût, le toucher... Quelles sont les informations recueillies, que réveillent-elles en vous de particulier ? Concentrez-vous sur les sensations les plus agréables et ne pensez plus qu'à cela. Vous touchez là des petits moments de bonheur et d'éternité. L'essentiel n'est pas de prendre la photo pour la montrer aux autres et la stocker, mais bien de jouir tout de suite de l'instant, de la force du moment présent. La procrastination est le fait de remettre toujours au lendemain ce qui pourrait être réalisé le jour même. Il existe aussi une procrastination du plaisir et du bonheur. Dans votre vie quotidienne, n'oubliez pas de faire des « pauses » régulières : arrêtez-vous sur le chemin de votre travail, humez les odeurs autour de vous, attardez-vous sur le sourire de votre enfant ou goûtez profondément les saveurs d'un bon plat partagé avec des amis.

Cesser de ruminer les points négatifs

Il est démontré que les sujets qui passent leur temps à ressasser de vieilles histoires négatives dont ils ont été victimes ou à penser à tout ce qui est négatif dans leur entourage ou dans leur milieu professionnel diminuent leur espérance de vie. Tourner en rond en repensant sans cesse à ce qui ne vous convient pas use l'organisme un peu plus jour après jour. Bien sûr, il ne s'agit pas de faire l'autruche face à une situation difficile et il convient de l'analyser pour mieux la comprendre, rechercher les solutions pour que les choses aillent mieux. Dans certains cas, après mûre réflexion, il faut aussi savoir admettre qu'il n'y a pas de solution pour améliorer une situation. Mais après coup, cela ne sert à rien de toujours repartir en boucle sur les mêmes problèmes. Certaines personnes ont tendance à radoter intérieurement en endommageant leurs neurones, et à agacer prodigieusement l'entourage. Savez-vous que dans une étude menée sur le bien-être au travail, les collègues « geignards » arrivaient en tête de liste des inconforts ? Il existe une bonne solution pour casser ce cercle vicieux. Il s'agit tout simplement d'écrire sur une feuille de papier ce qui se passe, ce que l'on en pense, les positions à prendre et à ne pas prendre une fois pour toutes. Vous rangerez ensuite cette feuille, et vous la relirez chaque fois que vous avez tendance à repartir en boucle.

Travailler son bonheur intérieur brut

Le royaume du Bhoutan est un petit pays situé en Asie du Sud. C'est un pays pauvre, qui vit principalement de l'agriculture et du tourisme. Mais il a une particularité. Au Bhoutan, les autorités ont en effet décidé de ne pas parler de produit intérieur brut mais de bonheur intérieur brut. Les marqueurs de bien-être ne sont pas les biens matériels et la richesse des habitants, mais ce qui les rend vraiment heureux. Nous pouvons nous inspirer de la philosophie de ce pays à titre personnel. Le but n'est pas de penser à ce que l'on doit faire, mais à ce qui nous rend vraiment heureux. C'est un effort difficile qui conduit à refaire une deuxième lecture de sa vie. Que ce soit au niveau des loisirs, des personnes avec qui l'on partage notre bien le plus précieux, à savoir notre temps, ou ce que l'on achète en pensant se faire plaisir. Il faut tout repenser par rapport à nos sensations positives. Il s'agit de filtrer ce qui nous rend vraiment heureux et ce qui nous laisse indifférent. Repensez à la semaine écoulée en sélectionnant ce que vous estimez être les meilleurs moments, ceux que finalement vous souhaiteriez revivre le plus souvent possible. Repensez également à vos différentes vacances, les week-ends, les repas partagés avec d'autres et faites varier le curseur. Vous allez être surpris du résultat. Le bonheur ne se situe pas toujours là où vous l'aviez imaginé…

Cette démarche peut être utile dans les choix auxquels nous sommes confrontés au quotidien, pour se débarrasser des situations dans lesquelles on souhaite juste faire comme tout le monde ou coller aux images des gens heureux projetées par les publicités. C'est une bonne école pour découvrir tout le pouvoir de dire non, pour se protéger et ne pas se dissoudre dans n'importe quoi. Pour ne pas perdre le fil, je vous recommande chaque jour de sélectionner le meilleur moment de la journée, d'y penser très fort pour le faire revenir le plus souvent possible. Concentrez-vous aussi sur ce que vous n'auriez pas dû faire, les pertes de temps inutiles, tout ce que vous ne souhaiteriez pas reproduire dans les jours ou les semaines à venir.

Accepter ses échecs

Tal Ben Shahar, qui enseigne la pratique du bonheur à Harvard, souligne un point important : le droit à l'erreur, à l'imperfection pour arriver à la plénitude. Pendant ses cours, il demande à un étudiant de dessiner un cercle à la craie sur le tableau noir. Le cercle dessiné est parfait. Il lui demande de se souvenir comment il dessinait à l'âge de 2 ans : des pâtés qui essayaient de ressembler à des cercles. C'est à force d'échouer de très nombreuses fois à dessiner des cercles pendant l'enfance que l'on arrive un jour au cercle harmonieux. Il faut admettre les échecs à répétition pour arriver à la réussite et ne surtout pas se décourager. Vous devez accepter que les choses ne marchent pas du premier coup avec sérénité et sans culpabilité. Comprendre pourquoi cela n'a pas fonctionné est essentiel pour progresser. Lorsqu'un enfant est soumis à trop de pression, il se trouve véritablement anéanti par un premier échec au risque d'entrer dans un cycle d'insuccès s'il se trouve dévalorisé et surtout s'il perd confiance en lui. Il est capital de rechercher les points forts d'un enfant qui vont servir de points d'appui, comme en escalade, en lui communiquant une force pour dépasser les erreurs normales liées à l'apprentissage. L'un des secrets du bonheur se cache peut-être entre les lignes de l'enfance. Ne perdons pas de vue que garder toute sa vie le courage de se tromper et d'accepter les échecs est un tremplin pour aller de plus en plus loin. Il est essentiel de prendre très tôt de bonnes habitudes pour être heureux plus tard. Le développement des pensées positives est un carburant important pour le bonheur. Recherchez le meilleur de chaque instant présent sans vous projeter en permanence vers le passé ou l'avenir, et évitez de vous fixer des objectifs impossibles à atteindre, pour vous ronger ensuite parce que vous n'y arrivez pas. Les parents donnent parfois des objectifs pour leurs

Qu'est-ce que les gens heureux ont de plus ?

Plus de la moitié des Français se déclarent heureux ou très heureux. Reste donc en plan l'autre moitié, à qui je souhaite prodiguer quelques petits « trucs » des gens heureux.
• Les circonstances extérieures, dont la réussite matérielle, ont peu de prise sur eux.
• Ils sont conscients que la vie est parsemée de difficultés et les intègrent au cycle de leur existence.
• Ils sont en accord avec eux-mêmes, que ce soit dans leur vie professionnelle, amoureuse, familiale ou sociale.
• Ils entretiennent leur corps et leur mental comme des biens précieux.
• Ils ne recherchent pas l'approbation permanente dans le regard des autres.
• Ils sont en lien permanent avec leur famille, leurs amis, leurs voisins.
• Ils pratiquent la bienveillance, l'absence de jugement et la gratitude.
• Ils ont une vie intérieure riche : réflexion, spiritualité, religion...
• Ils savent ce qu'ils veulent et ont un objectif de vie bien défini.
• Mais surtout, ils vivent bien ancrés dans le présent : sans ruminer ou ressasser le passé, et sans angoisser ou fantasmer par rapport à l'avenir.

enfants qui correspondent à ce qu'ils auraient aimé faire eux-mêmes. Ils n'essaient pas de voir l'enfant ou de le comprendre dans ses différences, ils pensent surtout à eux-mêmes. L'enfant est alors vécu comme un vecteur de leur réussite narcissique et sociale, au mépris de sa véritable nature. Il n'y a rien de plus terrible que de passer sa vie à essayer d'atteindre ce qui ne nous correspond pas et qui, de plus, n'est pas à notre portée. C'est dans ces racines que se développent la dépression, l'anxiété et les attitudes compensatoires comme l'excès d'alcool, l'obésité, le tabagisme et la drogue. Le bonheur découle de l'adéquation entre ce qu'une personne est réellement et sa vie. L'objectif est d'être soi-même en essayant de faire le métier que l'on aime, quel que soit le regard des autres, choisir le conjoint qui nous correspond vraiment et non celui ou celle qui fait plaisir à l'entourage, à la famille ou au cercle social. Vous devez être maître de vos choix, sans mauvaises influences ou mauvaises raisons. C'est tout le chemin à parcourir pour s'aimer et aimer les autres, savoir recevoir, savoir donner et se réaliser chaque jour davantage dans son métier et ses relations aux autres.

• PRATIQUER LA MÉDITATION

Il existe au plus profond de l'être humain des moyens d'autoguérison puissants dont on ignore l'existence la plupart du temps. L'esprit peut agir de façon spectaculaire sur le corps et changer la donne. De nombreuses études scientifiques ont ainsi démontré que les sujets qui pratiquaient de façon régulière la méditation arrivaient à réduire leurs chiffres de pression artérielle, à ralentir leur fréquence cardiaque et à diminuer leur stress. D'autres travaux ont montré un meilleur fonctionnement du système immunitaire. Au niveau neurologique, il a été mis en évidence une nette amélioration de la concentration intellectuelle et physique chez les pratiquants de la méditation quotidienne. Certains résultats méritent d'être mis en avant, en particulier les travaux présentés au congrès international de cardiologie d'Orlando. Les participants à cette étude ont pratiqué la méditation transcendantale pendant cinq ans. D'origine indienne, c'est une technique mentale de relaxation et de développement de la conscience qui se pratique en général à raison de deux séances de vingt minutes chaque jour. Il a été observé que ceux qui avaient pratiqué la méditation par rapport au groupe ne la pratiquant pas présentaient une baisse de 43 % du taux de décès liés aux maladies cardiovasculaires. L'étude a porté sur 201 patients âgés de 59 ans en moyenne. Il faut noter que les patients qui suivaient des traitements médicaux les ont poursuivis dans les deux groupes. Il est difficile de fournir des explications rationnelles par rapport à ces résultats. Le stress diminue très nettement chez les sujets pratiquant la méditation. Le stress étant connu comme un facteur de risque significatif des maladies cardiovasculaires, on tient ainsi un début d'explication.

La pratique de la méditation est à la portée de chacun. Il suffit de s'asseoir sur le sol en tailleur en fixant un objet dans le silence. Vous aurez les yeux mi-clos, les bras posés sur les cuisses en ouverture avec le pouce et l'index formant un cercle harmonieux, la colonne vertébrale bien droite. Les sages comparent cette position à celle d'une pile de pièces d'or. Dans tous les cas, il est important de ne pas ressentir d'inconfort ce qui pourrait perturber le bon déroulement de la séance de méditation. S'il le faut, n'hésitez pas à utiliser un coussin pour vous asseoir ou à vous installer sur une chaise si vous avez des douleurs vertébrales.

Une fois que vous êtes bien installé, il faut apprendre à faire le vide, à ne penser à rien, simplement à l'objet fixé. Très vite, des pensées automatiques apparaissent, des *flash-back* sur le passé, proche ou lointain, sur ce que l'on devrait faire dans la journée, la semaine ou les mois à venir. Repérer ces premières pensées parasites, apprendre à les faire retomber est une première approche. On peut comparer cet exercice à une eau qui serait mélangée avec de nombreuses impuretés en mouvement qui la rendraient trouble. Il suffit d'attendre sans bouger pour que les impuretés s'étalent sur le fond et que l'eau redevienne claire et transparente. L'objet à fixer peut être la pointe de la flamme d'une bougie, par exemple. Savoir concentrer toute son énergie et toute son attention, ne serait-ce que cinq minutes, sur ce point lumineux permet de ressentir quelque chose de fort et de neuf en soi. Imaginez un rayon laser étalé sur toute la surface d'un mur. Il ne se passe rien. La même énergie focalisée sur un seul point permet de percer le mur.

Ce qui compte dans la méditation, c'est la persévérance et la régularité de ce rendez-vous quotidien avec soi-même. La respiration est essentielle. Apprendre à respirer calmement, lentement et profondément en ayant conscience de sa propre respiration permet de mieux accéder aux bienfaits de la méditation. Il existe bon nombre de techniques et de nombreux ouvrages à ce sujet. Je recommande surtout de suivre votre instinct, de savoir ce qui vous fait du bien et, le moment venu, pour pouvoir inventer votre propre méthode. La méditation est une trajectoire passionante à suivre, il faut trouver les moyens qui correspondent le mieux à celui qui désire découvrir cette voie.

CHAPITRE 9

ENTRAÎNER SON CERVEAU

« Mon cerveau, c'est mon second organe préféré. »
WOODY ALLEN

Le cerveau ne fonctionne qu'à 10 ou 12 % de ses capacités. Nous pianotons sur un clavier alors que nous pourrions composer des symphonies. La puissance du cerveau est immense, la quantité de substance grise n'est pas, contrairement aux idées reçues, fixée d'avance et ne diminue pas en quantité avec le temps. Nous pouvons pousser nos capacités intellectuelles et notre mémoire, un peu comme chausser des bottes de sept lieues pour aller plus vite et plus loin. On peut agir sur soi-même et sur les autres par la seule puissance de la pensée et de la concentration jusqu'à aller parfois à la frontière de mondes mystérieux...

Le cerveau contient 100 millions de neurones et, au toucher, il a la consistance d'un œuf dur. Parmi ses carburants de base, il utilise du sucre et de l'oxygène. Il représente la fonction la plus importante de l'organisme, mais peu de personnes pensent à le préserver, le protéger et à en augmenter les capacités. C'est un point essentiel car l'état du cerveau détermine la qualité de la vie. Tout se joue dans le cerveau : le plaisir, la jouissance, l'intelligence... Au temps de l'homme des cavernes, c'était la force musculaire qui créait le rapport de supériorité et qui permettait de dominer son territoire. Aujourd'hui, c'est l'intelligence. Les exemples récents donnés par les créateurs de

Facebook, Google ou Microsoft montrent à quel point l'intelligence et l'imagination peuvent construire un empire à partir de rien. Améliorer ses performances cérébrales, c'est disposer d'un esprit plus vif et plus réactif, d'une mémoire augmentée et d'une capacité de travail plus efficace. Le cerveau peut se comparer à tous les muscles du corps. Pour avoir un corps d'athlète, il ne suffit pas de faire des abdominaux tous les jours, il faut penser à faire travailler tous les autres muscles : les bras, les cuisses, les jambes… Pour le cerveau, c'est la même chose. Il faut quotidiennement exercer ses différentes capacités pour le rendre plus performant. Ainsi, il sera capable, en cas de coup dur comme lors de l'apparition d'une maladie neurodégénérative (maladie d'Alzheimer par exemple), de faire reculer considérablement le temps d'apparition de la maladie.

• MODIFIER LA STRUCTURE DU CERVEAU

La réserve cognitive

Comme le disait Michel Lejoyeux : « Tout ce qui change nous excite, nous intrigue, nous stimule. » Il est vrai qu'un cerveau bien « musclé » dispose d'un groupe électrogène de secours en cas de panne, qui permet de limiter les dégâts : c'est ce qu'on appelle la réserve cognitive, qui est une sorte de réserve des possibilités cérébrales. Pour améliorer sa réserve cognitive et renforcer ses circuits neuronaux, il est nécessaire de s'exercer quotidiennement. Par exemple, se pousser à essayer de comprendre un raisonnement scientifique alors que ce n'est pas sa formation stimule de nouvelles zones du cerveau. De même, effectuer deux actions en même temps (téléphoner et lire un journal) sollicite de nouveaux circuits cérébraux. Se lancer dans une recette de cuisine alors que l'on sait tout juste cuire des pâtes à l'eau correspond à la même démarche. Contrairement aux idées reçues, de nouveaux neurones peuvent naître tous les jours et ceci, quel que soit l'âge. Cette notion risque de surprendre les personnes qui pensent que l'on naît avec un stock de neurones prédéterminé et qu'il s'amenuise progressivement au fil des années. Il n'en est rien. L'avenir de notre cerveau est entre nos mains. Il deviendra ce que nous en ferons. Nous avons le choix, celui de le laisser décliner avec les années ou bien celui de lui faire suivre un entraînement quotidien pour qu'il devienne de plus en plus performant. Mais disposer d'un disque dur cérébral ultrapuissant et rapide nécessite de mettre en place une véritable politique de santé publique personnelle. Notre réserve cérébrale est en effet en étroite relation avec notre hygiène de vie, notre réserve cognitive est liée aux stimulations externes et notre réserve psycho-affective est en prise directe avec les relations sociales.

Disposer de meilleures réserves cérébrales, c'est se doter de la capacité de retarder considérablement l'arrivée des maladies neurodégénératives en augmentant le nombre de connexions synaptiques tout en optimisant la capacité de recrutement de nouveaux circuits neuronaux. Le cerveau devient plus flexible et résiste ainsi mieux aux maladies. La formation de ces réseaux alternatifs constitue une sorte de digue face aux pathologies qui abîment le tissu cérébral. Il nous faut améliorer notre espace de stockage, notre puissance de transmission des informations et également stimuler nos capacités d'imagination en pensant à la citation de Victor Hugo : « L'imagination, c'est l'intelligence en érection. »

Surveiller son état général

Il est évident que l'état général de l'organisme impacte directement sur l'état du cerveau. Le cerveau a besoin d'oxygène pour bien fonctionner. Cet oxygène est apporté par l'hémoglobine du sang véhiculé par les artères. Si ces artères sont rétrécies par des plaques d'athérosclérose qui les bouchent progressivement, le cerveau sera mal irrigué et, pire, dans certains cas, une artère occluse provoquera un accident vasculaire cérébral avec des dégâts épouvantables comme une hémiplégie, une perte de la vision ou du langage. Il faut donc veiller à ce que les artères ne s'obstruent pas pour que le carburant essentiel du cerveau arrive bien dans les cellules.

Le cholestérol doit être contrôlé régulièrement, car lorsqu'il est en excès, il participe à la formation des plaques qui se déposent sur les artères (voir chapitre 2). On arrive à le faire baisser par un régime alimentaire pauvre en cholestérol ou, si cela ne suffit pas, par des médicaments qui seront prescrits par le médecin traitant. On peut aussi s'aider de produits industriels alimentaires comme des yaourts ou des margarines qui contiennent des phytostérols et peuvent diminuer de 10 à 15 % le taux de cholestérol sanguin. De même, nous devons surveiller d'autres graisses du sang, les triglycérides.

Le diabète intervient également dans la formation de ces plaques (voir chapitre 2). En effet, il existe des liens importants entre le diabète et la fréquence des accidents vasculaires cérébraux. Que ce soit un diabète qui se traite par l'insuline ou le diabète gras de la maturité qui se soigne par des comprimés, on ne doit jamais laisser un taux de sucre dans le sang en excès. Le sucre en excès va agir tel un poison et abîmer tous les circuits vasculaires, que ce soit au niveau du cœur responsable de l'infarctus du myocarde, des vaisseaux des jambes provoquant l'artérite, ou des yeux.

Enfin, l'hypertension est un véritable fléau car elle peut durer des années sans déclencher de symptômes, qui peuvent être, par exemple, des maux de tête ou une impression de mouches volantes devant les yeux. Dans certains cas, la tension est normale au repos et s'élève de façon excessive à certains moments de la journée. Il existe un moyen pour en avoir le cœur net. Il suffit que le médecin installe pendant 24 heures un petit boîtier à la ceinture du patient pour enregistrer la pression artérielle de façon régulière. Ce procédé permettra au praticien de savoir si la pression artérielle au cours de la journée s'inscrit toujours dans les limites de la normale. L'impact de la tension artérielle se lit également sur les petits vaisseaux des yeux. Ces vaisseaux extrêmement fins sont très sensibles à une tension artérielle trop élevée. L'examen du fond d'œil pratiqué par l'ophtalmologiste permet de s'assurer que ces petits vaisseaux ne souffrent pas et restent intègres. L'hypertension artérielle peut ainsi s'installer insidieusement au fil des années et causer des dégâts très sévères dans l'organisme. Le cerveau est l'un des premiers à en payer les conséquences. C'est d'autant plus regrettable qu'il existe aujourd'hui tous les moyens thérapeutiques nécessaires pour traiter et équilibrer une tension artérielle. De même que les familles possèdent un thermomètre pour prendre la température, il serait utile de disposer d'un appareil automatique pour prendre la tension. Il est évident que la découverte d'une hypertension artérielle entraîne systématiquement la réalisation d'un bilan médical complet pour rechercher les causes possibles de cette hypertension, d'une part, pour évaluer les dégâts qu'elle a déjà occasionnés, d'autre part.

L'apprentissage et les pensées

Les pensées répétées peuvent réussir à modifier la structure du cerveau. Des scientifiques ont demandé à un premier groupe de sujets de jouer avec la main droite et la main gauche sur un piano des notes qui se succèdent régulièrement en partant du pouce jusqu'à l'auriculaire : « *do ré mi fa sol fa mi ré do* », et ainsi de suite pendant une séance prolongée tous les jours pendant cinq jours. Au bout de cinq jours, ils ont constaté sur l'IRM (imagerie à résonance magnétique) une modification de l'aire du cerveau correspondant à la flexion des doigts qui avait nettement grandi par rapport à l'IRM passée avant les exercices. À un autre groupe de sujets, ils ont demandé de ne pas jouer de piano mais d'être présents à côté du pianiste à chaque séance et d'imaginer mentalement qu'ils étaient en train de réaliser le même exercice au piano. La surprise a été de constater que les non-joueurs présentaient les mêmes modifications du cerveau à l'IRM que les joueurs. Par la concentration, l'imagination et la pensée, les « spectateurs » étaient arrivés aux mêmes résultats que les « actifs ». Par l'apprentissage de gestes, de pensées, de raisonnements spécifiques, le cerveau peut, jour après jour, se muscler et devenir plus fort. De même, si l'on apprend à des personnes à jongler tous les jours, les zones du cerveau correspondant à l'aptitude à jongler vont se développer. L'IRM permet de voir le cerveau s'épaissir dans les zones correspondantes. En revanche, si la personne arrête de jongler, les zones qui avaient augmenté de volume reprennent une taille plus petite plusieurs mois plus tard.

En comparant le cerveau de jumeaux qui, à la naissance, sont strictement identiques, on constate qu'ils ne se ressemblent plus du tout quelques années plus tard, en fonction des expériences vécues et des apprentissages dans des domaines différents. Grâce aux progrès de l'imagerie cérébrale, le fait de pouvoir étudier le cerveau en direct permet de comprendre à quel point nos pensées et nos actions modifient jusqu'à la structure même du cerveau. Ce qui est merveilleux, c'est que bien que le cerveau soit contenu dans l'espace limité de la boîte crânienne, il sait toujours se faire de la place en se plissant pour former des circonvolutions. Imaginez que vous rangiez un grand drap dans une boîte, il finira par faire de nombreux plis par manque de place. C'est exactement ce qui se passe avec le cerveau dans la boîte crânienne. Les spécialistes ont démontré que si l'on déplie un cerveau sur une table, il représente une surface de 2 mètres carrés sur une épaisseur de 3 millimètres. Le cerveau possède une véritable plasticité, c'est-à-dire qu'il est capable de changer, d'évoluer en permanence, d'accroître des régions sollicitées ou de réduire celles qui s'endorment. Une personne qui trouve qu'elle a profondément changé en raison d'un métier différent, de sensations différentes, de nouveaux apprentissages, verra les zones correspondantes de son cerveau modifiées à l'IRM. Mais si nous répétons sans cesse les mêmes actions, si les mêmes pensées tournent en boucle, le cerveau ne fonctionne qu'en régime réduit. Le cerveau est fainéant quand il s'agit de reproduire des activités répétitives, comme Charlot dans *Les Temps modernes*. C'est comme s'il se mettait en veille. Il faut apprendre à tous les âges à faire ce que l'on ne savait pas faire auparavant pour stimuler les zones endormies du cerveau et qui ne demandent qu'à exister.

• RÉGÉNÉRER SON CERVEAU

Casser la routine

Au plus profond de notre cerveau, il existe une petite zone secrète appelée l'hippocampe, qui fonctionne comme un véritable radar des faits nouveaux. Lorsqu'une nouveauté apparaît, l'hippocampe compare ce qui arrive aux anciennes informations stockées. Si cette nouveauté est bien réelle, il va envoyer des signaux à d'autres zones du cerveau pour qu'elles produisent la dopamine, une hormone du plaisir. Des recherches ont montré que ce qui est nouveau stimule la mémoire.

Le cerveau a la capacité de s'éveiller et de monter en puissance quand il n'est plus soumis à la routine. Les habitudes et la répétition constituent un poison destructeur pour les capacités intellectuelles. La rapidité de pensée, la mémoire, l'intelligence ont besoin de changement, carburant essentiel pour rester fiables, performantes et ne pas se dégrader inéluctablement au fil du temps. Les maladies neurodégénératives constituent un véritable fléau en constante augmentation. Combien de personnes, en vieillissant, subissent une altération des fonctions intellectuelles et perçoivent l'ankylose de leur cerveau comme une fatalité ? C'est justement à ce moment-là qu'elles font l'inverse de ce qu'il faudrait faire pour rester en bonne santé : elles se mettent dans des circuits de routine et de répétition comme pour se protéger. Et c'est en se protégeant qu'elles s'exposent justement au danger. L'absence de petits dangers quotidiens, la trop grande facilité des tâches quotidiennes, l'absence d'imprévus et de nouveaux contacts sociaux constituent en fait de vrais risques. La société actuelle gomme chaque jour les efforts : l'ascenseur, l'automobile, la nourriture de plus en plus molle, tout est construit pour diminuer l'exercice physique, mais aussi les efforts intellectuels. À âge égal, la mortalité des sujets en retraite est plus importante que celle des sujets en activité. Les activités comme le golf, le bridge ou les mots croisés ne suffisent pas à reproduire les effets bénéfiques pour la santé. Le cerveau n'est pas dupe de ce qui ressemble à des distractions d'enfants déguisées en pseudo-activités pour seniors.

De nombreuses études ont été conduites chez les rats pour mieux comprendre l'impact de la routine ou du changement sur l'animal. En comparant des rats dans des cages, les uns soumis à des changements fréquents et les autres soumis à une routine réglée comme du papier à musique, les chercheurs ont très vite noté que des modifications apparaissent. Le groupe routinier présente par rapport à l'autre une baisse de la libido, de l'appétit, et ils bougent très peu dans leurs cages, se recroquevillant des journées entières dans un coin. Une autre étude, réalisée par le Pr Bardo aux États-Unis, toujours chez des rats, a démontré que les changements réalisés comme des expériences surprenantes provoquaient sur le cerveau de ces rongeurs les mêmes effets que de la cocaïne. Ces résultats permettent de comprendre pourquoi des sujets en vacances se trouvent parfois plus fatigués, voire un peu plus déprimés que d'habitude. Nous sommes d'accord avec l'objectif des vacances de bien-être, du plaisir et de sensations agréables. Mais les vacances qui s'inscrivent dans la répétition et l'absence de changement diminuent la production des hormones du plaisir. Les maisons secondaires représentent en définitive, pour beaucoup, l'absence de changement et d'aventures pour substituer une routine à une autre. Les critères officiels du bien-être, de la détente et des loisirs sont malheureusement stéréotypés.

Il faut oser casser les codes et redéfinir ce qui plaît vraiment en se dégageant du regard des autres. Si vous éprouvez du plaisir à faire le ménage, osez penser et dire que vous aimez cela, si vous adorez frotter et décaper un parquet, n'en parlez pas comme d'une corvée, mais comme d'un moment de plaisir et de détente. Le début du bonheur, c'est aussi oser aimer ce qui, pour les autres, est détestable. Nous devons apprendre à sortir des codes quand il le faut. C'est le contraire de ce qui est appris à l'école où il faut toujours rester dans le moule. L'Éducation nationale devrait instaurer des cours pour apprendre à devenir mutant et sortir des sentiers battus. C'est plutôt là que se situent les clés actuelles de la réussite. Finalement, les humains ressemblent aux serpents, ceux qui n'arrivent pas à changer de peau le moment venu meurent progressivement.

• LE CONTRÔLE DE SOI

Le circuit de la volonté

Nous sommes tous confrontés au décalage qui existe entre ce que l'on prévoit de faire, les objectifs que l'on se donne et la réalité. Trop souvent, les bonnes résolutions ne tiennent pas la route et nous renvoient à une situation d'échec chronique qui dévalorise l'image de soi. Les sujets se sentent faibles et s'en veulent de leur manque de volonté. La parade la plus fréquente pour essayer de s'en sortir est de remettre au lendemain ce que l'on avait prévu de faire le jour même et qui n'a pas marché. Mais le lendemain se présente en général comme le jour précédent avec les mêmes échecs... et les années passent sans que rien ne se fasse. La meilleure illustration de ces échecs par manque chronique de contrôle de soi est représentée dans les régimes amaigrissants. Plus de la moitié de la population souhaite perdre du poids et pourtant c'est un fiasco sans précédent. Quatre-vingt-quinze pour cent des personnes qui suivent un régime quel qu'il soit, regrossissent dans l'année qui suit. J'ai d'ailleurs toujours été troublé par le niveau de connaissance en diététique des patients qui viennent me consulter pour maigrir. Ils connaissent à fond le sujet, les aliments à proscrire et ceux à consommer et ils savent qu'il n'existe aucun médicament qui ne soit pas dangereux dans le traitement de l'obésité. S'y ajoute en général une solide expérience à propos des méthodes inefficaces disponibles sur le marché. J'ai souvent la sensation de me trouver en face d'experts en nutrition pour lesquels je ne peux rien faire… enfin presque.

Le dénominateur commun à toutes ces personnes est qu'elles n'arrivent pas à résister sur le long terme, qu'elles finissent par craquer et que leur manque de volonté les désole. Je pense que si l'on veut obtenir de bons résultats durables pour perdre du poids, il faut commencer par l'essentiel : le contrôle de soi. Ce n'est pas un simple mot mais au contraire l'une des clés pour transformer les défaites quotidiennes en réussite. En fait, le contrôle de soi se travaille et se renforce, tout comme un travail musculaire génère une solide ceinture abdominale. La bonne régulation entre les principes de la raison, les tentations et le plaisir, dépend complètement du cerveau qui a un rôle essentiel dans le contrôle des impulsions.

L'expérience Marshmallow

Dans les années 1970, une expérience s'est déroulée sur des enfants de 4 ans et nous en avons seulement aujourd'hui les résultats complets. Des scientifiques ont placé des enfants pris isolément face à deux assiettes. L'une contenait un Marshmallow, l'autre deux. Le scientifique a précisé aux enfants qu'il allait sortir de la pièce. Si les enfants réussissaient à attendre sans appuyer sur une sonnette placée sur la table pour faire revenir le scientifique, ils pourraient manger deux confiseries. S'ils n'en avaient pas la patience, ils pourraient en avoir une seule. Une caméra cachée dans la pièce a permis d'observer le comportement de chacun des enfants. Certains ont adopté différentes stratégies pour résister, et d'autres ont avalé sans attendre les confiseries. Quarante ans plus tard, les scientifiques ont recherché ce qu'étaient devenus les enfants et ont comparé les données aux résultats des tests de l'époque. Il est apparu que les enfants qui avaient parfaitement résisté sans appuyer sur la sonnette avaient des trajectoires différentes des autres. Ils avaient globalement mieux réussi aux concours universitaires, avaient de meilleures carrières et un niveau de vie plus élevé, ils étaient plus heureux en ménage et en meilleure santé. Il s'agit là d'un modèle éducatif intéressant utilisant, *via* des stratégies astucieuses du cerveau, les ressorts de la volonté pour faire face aux obstacles de la vie et aller plus loin.

Les découvertes scientifiques récentes ont montré que la volonté est en étroite relation avec l'état du cerveau. La volonté et le contrôle de soi sont dépendants de l'énergie dont dispose le cerveau. En pratique, si l'on s'épuise à des tâches difficiles, il reste moins d'énergie pour résister. Le principe est de savoir concentrer son énergie et ne pas la disperser.

La bonne utilisation de notre énergie pour les points essentiels est cruciale pour optimiser le contrôle de soi. Notre quantité d'énergie cérébrale n'est pas infinie, elle s'épuise vite et il faut faire des choix si l'on veut que nos désirs deviennent réalité.

Vous avez certainement vécu la situation suivante : en pleine période de régime amincissant, vous vous trouvez dans un dîner dont l'atmosphère est particulièrement tendue, soit pour des raisons professionnelles, soit pour des conflits de personnes. Une partie de votre énergie va se trouver focalisée pour résoudre ces tensions. Du coup, il ne reste plus grand-chose pour contrôler votre alimentation. Vous allez craquer et vous lâcher sur des plats qui n'en vaudront peut-être pas la chandelle. À ce moment précis, vous allez vous détester pour votre manque de volonté. La solution était pourtant simple : lâcher prise dans les conflits de personnes et ne se concentrer que sur le contrôle des prises alimentaires. Il faut également rappeler que la prise de boissons alcoolisées diminue les systèmes de défense et abaisse le *self control*.

Les exercices du contrôle de soi

Le contrôle de soi nécessite un certain nombre d'exercices pour se renforcer. Voici quelques clés pour vous entraîner jour après jour, comme dans le cadre d'un cours d'éducation physique.

• Le principe de la vague : pensez très fort à une vague qui monte progressivement, qui s'amplifie et vient s'écraser sur le bord d'une plage. Comparez mentalement cette vague à quelque chose que vous souhaitez, comme par exemple à une pâtisserie que vous souhaitez dévorer ou à une cigarette qui ne demande qu'à être allumée. Plusieurs vagues plus tard, votre désir s'est éteint naturellement.

Le pouvoir des gestes sur le cerveau

Il existe aussi des gestes qui finissent par conditionner le mental et provoquer des réflexes de pensée. Les gestes du quotidien sont importants pour s'entraîner à mobiliser sa force intérieure. Voici quelques exemples.

• Comme les danseuses, entraînez-vous à vous tenir droit, et non pas avachi. En marchant, imaginez que vous avancez avec une pile de livres en équilibre sur le haut de la tête. L'effet est rapide : en se tenant mieux, il se produit une impression de mieux dominer les autres et les situations, mais aussi de mieux se dominer soi-même.

• Faites également l'essai de vous servir le plus possible pendant une journée de votre main gauche (si vous êtes droitier) pour saisir une tasse de café ou appuyer sur un bouton d'ascenseur, par exemple. Ce changement stimule des circuits cérébraux habituellement endormis qui mobilisent une nouvelle énergie pour optimiser le contrôle de soi dans des gestes simples de la vie quotidienne.

• Utilisez la même approche pour vous baisser, non pas en vous penchant, mais en fléchissant vos jambes.

• **Évitez les situations à risque** : il est évident que pour ne pas griller trop vite la quantité de volonté disponible au niveau du cerveau, il faut éviter les situations à risque qui vont nécessiter trop d'énergie pour les résoudre. Faire ses emplettes dans une charcuterie juste avant l'heure du déjeuner demande beaucoup de carburant cérébral pour résister. Après une telle guerre, il n'y aura pas assez d'énergie résistante pour résoudre les prochains conflits.

• **Vivez le moment présent et ne remettez pas au lendemain** : pour éviter des situations désagréables où l'on ne fait que regretter, il faut vivre pleinement le moment présent, en partant du point clé que ce qui ne se fait pas aujourd'hui ne se fera jamais. Pour accroître le contrôle de soi et le champ de sa propre volonté, il faut s'en donner les moyens. Ils ne sont pas innés et se travaillent jour après jour. Vivre pleinement dans le présent et non pas entre le passé ou le futur en constitue la première étape. Citons un exemple : vous avez pris la résolution depuis quelques jours de perdre du poids et voilà que vous commencez la journée en craquant pour un croissant dont l'odeur vous a attiré. Comme vous le savez, il faut sept kilomètres en jogging pour perdre l'équivalent en calories d'un croissant. Ce serait une erreur de se dire qu'au point où vous en êtes, le régime peut attendre le lendemain, car les excès vont tellement s'accumuler qu'il sera chaque jour plus difficile d'atteindre les objectifs que l'on se fixe. Au contraire, vous devez rectifier le tir tout de suite, comme un voilier qui modifie son cap en recherchant les nouveaux vents favorables pour avancer.

La montée en puissance de notre force intérieure pour un meilleur contrôle de soi constitue l'énergie et le moteur essentiel pour réussir à atteindre les objectifs fixés. C'est un véritable entraînement qu'il faut s'efforcer de suivre quotidiennement. Le manque de contrôle de soi provoque un glissement progressif de la personnalité qui produit un jour un décalage important entre ce que les gens sont réellement et leur vie au quotidien. Quand l'écart se creuse, c'est la porte ouverte à différents systèmes de compensation du mal-être résultant : l'excès de boissons alcoolisées conduisant à l'alcoolisme, les déluges caloriques amenant à l'obésité, le tabac ou la drogue, les antidépresseurs, pour essayer de tenir au milieu d'un malaise qui n'en finit pas...

• BOOSTER SA MÉMOIRE

L'importance de la mémoire

La performance de notre capacité de mémoire est essentielle. Très tôt, on apprend à quel point cette fonction est primordiale. Une excellente mémoire permet de franchir avec succès les examens scolaires et les concours universitaires. Durant mes études de médecine, j'ai très vite été confronté à la puissance de la mémoire qu'il fallait développer pour passer les difficultés. Bien plus tard, la hantise des seniors est de perdre la mémoire avec, en toile de fond, le spectre de la maladie d'Alzheimer (voir encadré *infra*). Il a été constaté que plus un individu a des fonctions cérébrales et une mémoire performantes, plus il sera protégé de la maladie d'Alzheimer. On n'empêchera pas l'apparition de la maladie, mais elle surviendra beaucoup plus tard dans la vie, ce qui change tout : entre une maladie qui débute à 70 ans et une autre qui survient à 85 ans, l'histoire n'est plus la même.

La maladie d'Alzheimer

La maladie d'Alzheimer est une pathologie dégénérative redoutable qui touche en moyenne un homme sur huit et une femme sur quatre. Il ne s'agit pas d'une maladie liée au vieillissement, car des sujets jeunes peuvent être atteints. Ce qui est effroyable, c'est que les malades perdent progressivement leur mémoire, leur identité, leur langage. Ils ne reconnaissent plus leurs proches, ils deviennent étrangers à eux-mêmes, ils perdent jusqu'à leur raison d'être. Une fois que la maladie est déclenchée, il n'existe pas de médicaments pour arrêter la destruction irréversible des cellules nerveuses et les patients décèdent après quelques années d'un véritable calvaire. À ce jour, on n'a pas trouvé la cause de cette pathologie. En revanche, il existe des facteurs de risque parmi lesquels le cholestérol, le diabète, l'hypertension artérielle, le tabac, l'obésité. Le lien est facile à comprendre car des artères destinées à irriguer le cerveau qui présentent des plaques d'athérosclérose ne font que fragiliser la bonne marche cérébrale. Mais à côté de ces facteurs connus, il existe d'autres éléments qui peuvent changer la donne. L'activité physique et intellectuelle constitue un formidable rempart pour se protéger de cette maladie. Un premier chiffre est éloquent : une demi-heure d'exercice physique sans interruption par jour diminue de 40 % les risques de développer dans sa vie un Alzheimer. C'est simple et ça marche très bien. L'autre versant de la protection est d'entraîner chaque jour son cerveau à devenir de plus en plus performant. Quand on sait que, en trois semaines de vacances, on perd vingt points de quotient intellectuel, on imagine vite le risque de la retraite...

Améliorer ses performances

La mémoire à court terme est stimulée quand, par exemple, un ami vous donne oralement son numéro de téléphone. Vous n'avez pas de quoi noter mais vous devez absolument le mémoriser. La mémoire à court terme peut retenir environ sept éléments pendant vingt secondes. Pour améliorer votre performance, le plus simple est de mémoriser les chiffres par groupe de deux ou de trois. Si le numéro de téléphone est le 06 12 53 86 09, soit dix chiffres, il est beaucoup plus aisé de mémoriser : 061 253 860 ce qui ne fait que trois éléments. Pour le dernier, vous pouvez penser à 9 comme quelque chose de neuf. Les associations d'idées sont une autre façon d'améliorer les performances mentales. Ces petits exercices répétés musclent progressivement la mémoire en la rendant plus performante. Vous pouvez aussi démarrer l'apprentissage d'une langue étrangère pour stimuler la capacité de mémorisation des neurones. On peut parfois s'aider en reliant des blocs à des faits extérieurs pour les ancrer plus solidement dans la mémoire. Par exemple, si vous devez retenir les chiffres 1, 4, 9, 2, il est plus facile de se souvenir de 1492 et de le relier à la date de découverte de l'Amérique par Christophe Colomb.

Il existe de nombreux exercices simples et pratiques pour dynamiser sa mémoire. Certains font gagner du temps, comme d'apprendre par cœur son numéro de passeport ou de carte d'identité, si vous voyagez beaucoup. Vous pouvez aussi mémoriser votre numéro de sécurité sociale pour remplir plus vite les formulaires. À chaque fois que vous réactivez ces chiffres, vous stimulez votre mémoire en surprenant votre entourage qui, lui, est obligé de fouiller dans ses papiers pour retrouver le bon chiffre. Vous pouvez vous aider de moyens mnémotechniques simples, comme de faire référence à un département, une date d'anniversaire ou une adresse. Les associations d'idées sont excellentes pour activer les méninges. Un petit exercice utile, c'est aussi de se répéter des informations nouvelles comme un mot inconnu, d'une langue étrangère, juste avant de s'endormir et de se mémoriser à la fin de chaque semaine les nouveaux mots appris.

Manger du poisson, c'est scientifique !

« Mange du poisson, cela rend intelligent et c'est bon pour la mémoire. » Les adages populaires ont parfois du vrai. On vient justement de découvrir l'exactitude de cette phrase. Une équipe de scientifiques a présenté au prestigieux congrès de Pittsburgh aux États-Unis une étude scientifique étonnante. Le Pr Cyrus Raji a suivi pendant dix ans un groupe de 260 adultes. Il les a séparés en deux. Le premier groupe consommait du poisson plusieurs fois par semaine et le second groupe ne mangeait jamais de poisson. Les résultats ont montré que chez ceux qui consommaient du poisson entre une et quatre fois par semaine, il existait un maintien sur les dix ans de la substance grise du cerveau dans plusieurs aires cérébrales et surtout dans une partie clé du cerveau, l'hippocampe, qui a une fonction essentielle dans la mémoire. Normalement, la substance grise et l'hippocampe diminuent progressivement en volume au fil des années, mais justement pas chez les mangeurs de poisson.

Comme nous ne disposons aujourd'hui pas de médicaments efficaces pour garder et stimuler sa mémoire, cette découverte est essentielle. En comparant le volume de la substance grise des deux groupes de patients, les chercheurs ont ainsi établi que le risque de développer des troubles de la mémoire légers ou une maladie d'Alzheimer dans les cinq années suivantes était divisé par cinq. Les médecins ont également constaté

Attention danger !

Certains poissons, comme l'anguille, doivent être absolument évités. L'anguille a le défaut de concentrer les toxiques de l'environnement (la dioxine, les PCB et le méthylmercure, mais aussi des métaux lourds comme le plomb, le cadmium et le mercure), qu'elle ne sait pas dégrader. Quand on consomme de l'anguille, les toxiques de son organisme passeront dans le nôtre, avec une préférence pour aller se loger dans des organes riches en lipides comme la matière grise du cerveau. D'autres poissons, comme la carpe, le barbeau, la brème, le silure, bien qu'un peu moins contaminés par les PCB, doivent également être consommés le moins souvent possible. Ces poissons des rivières sont victimes de la contamination et peuvent nous contaminer à leur tour.

---

qu'en faisant pratiquer des tests de mémoire aux deux groupes de patients après ces dix ans d'études, les mangeurs de poisson avaient une bien meilleure mémoire et que tous leurs tests cognitifs étaient supérieurs.

L'autre découverte surprenante de cette équipe est la mise en évidence de l'importance du mode de cuisson : selon la façon dont on cuisine le poisson, on bénéficie ou pas de ses effets protecteurs sur la mémoire. En effet, le poisson grillé, vapeur, au four ou en papillote donne des effets positifs sur la mémoire, alors que le poisson cuisiné en fritures perd son caractère protecteur. Ces éléments s'expliquent par le fait que le composant du poisson qui agit sur la mémoire se nomme oméga-3. Les oméga-3 sont de bonnes graisses connues depuis longtemps pour leurs effets bénéfiques au niveau cardiovasculaire. En attestent les Japonais et les Esquimaux, grands consommateurs de poissons, qui présentent un taux d'infarctus du myocarde très bas. Les oméga-3 agissent en diminuant la quantité de certaines mauvaises graisses circulantes du sang comme les triglycérides, et rendent aussi le sang plus fluide. Ce qui est nouveau, c'est la démonstration de leur efficacité sur le cerveau. La sensibilité des oméga-3 à la température oblige à une cuisson faible du poisson pour pouvoir bénéficier au maximum de leurs bénéfices sur la santé.

En pratique, les poissons à teneur faible en oméga-3 sont les suivants : le colin, le lieu noir, le cabillaud, le merlan, la sole, la julienne, la raie, le merlu, la lotte, le carrelet et la limande. Les poissons à teneur moyenne en oméga-3 sont le rouget, l'anchois, le bar ou le loup, la dorade, le turbot, le brochet et le flétan. Les poissons les plus riches en oméga-3 sont le saumon, le thon, la sardine, le maquereau et le hareng. Tous ces poissons ne contiennent pas que des oméga-3, ils sont également riches en protéines, en minéraux comme le phosphore, et en oligoéléments comme l'iode, le zinc, le cuivre, le sélénium et le fluor mais aussi des vitamines A, D, E. Pour la santé, il est bénéfique de consommer à la fois les poissons les plus riches en oméga-3 et en même temps les moins contaminés par les toxiques.

CHAPITRE 10

MAGNÉTISME, CLAIRVOYANCE, GUÉRISONS MYSTÉRIEUSES...

« Avec son air très naturel, le surnaturel nous entoure. »

JULES SUPERVIELLE

Et si nous disposions en nous de pouvoirs proches de la science-fiction, et de forces que nous ne soupçonnons pas ? Mythe ou réalité ? Ces pouvoirs sont-ils réservés à une minorité d'individus, ou pouvons-nous tous apprendre à les développer ? Les formidables progrès scientifiques nous permettent aujourd'hui de découvrir des limites difficiles à imaginer, qui se situent aux frontières de la normalité. Souvent, en médecine, lorsque l'on ne trouve pas un diagnostic pour définir des troubles dont souffre un patient, on dit que c'est « psy ». Un mot fourre-tout bien pratique pour recouvrir tout ce que l'on ne comprend pas. Par exemple, les patients qui souffraient d'ulcère gastrique ont longtemps été rangés parmi les malades psychiatriques, jusqu'au jour où l'on s'est aperçu que l'ulcère était dû à une bactérie qui s'élimine par un simple traitement antibiotique. De très nombreux phénomènes paranormaux sont systématiquement classés dans les manifestations relevant du psychique. Mais il existe peut-être une dimension cachée qui n'apparaît pas au premier regard : l'impression de déjà-vu, la télépathie, la clairvoyance qui permet de savoir ce qui va se passer, les guérisons spontanées en sont des premiers exemples. Si la science passe au crible ces phénomènes, qu'apparaît-il réellement dans la lumière ?

• LES ÉTUDES SCIENTIFIQUES
QUI SÈMENT LE TROUBLE

Pour essayer de comprendre ces phénomènes que certains qualifient de paranormaux, un certain nombre d'expérimentations scientifiques et médicales ont été réalisées selon des méthodologies sérieuses.

Les expériences de déjà-vu,
un outil performant pour doper sa mémoire

Ce qui caractérise les expériences de déjà-vu, c'est ce mélange à la fois de familiarité, de nouveauté et d'étrangeté, sans qu'on puisse relier ce qui est en train de se passer à quoi que ce soit du passé. Des équipes internationales ont exploré ce phénomène, en particulier le Pr Adachi au Japon (Adachi *et al.*, 2006). Plusieurs éléments ont été mis en évidence. Tout d'abord, ces impressions de déjà-vu étaient d'autant plus fréquentes que les sujets étaient jeunes et d'un niveau éducatif élevé. Aucune différence n'a été retrouvée en fonction du sexe, du lieu de résidence ou du mode de vie. Deuxième remarque, plus une personne bénéficie d'une mémoire performante, plus la probabilité qu'elle rencontre des épisodes de déjà-vu est fréquente. Ces constatations soulèvent un point paradoxal : le sujet, en fouillant dans les recoins de sa mémoire, n'arrive pas à se souvenir de la raison de ce déjà-vu et finit par penser qu'il a la mémoire qui flanche. Ce qui se passe est rigoureusement le contraire, puisqu'il bénéficie en fait de fonctions mnésiques performantes. En effet, par moments, notre cerveau se met à fonctionner comme un ordinateur ultrarapide sans que nous en ayons conscience. Le flash qui se produit correspond à des situations analogues vécues dans le passé, mais qui ne remontent pas tout à fait à la surface. Prenons un exemple. Vous arrivez dans un pays où vous n'êtes jamais allé. Au détour d'une rue, vous décidez de vous désaltérer dans un café. Vous commandez un soda, et à ce moment précis, vous avez l'impression très nette d'avoir déjà vécu exactement cette scène dans ce même café. Vous cherchez dans vos souvenirs mais rien n'apparaît. C'est comme une enquête policière. À une table voisine, une femme porte une robe d'été avec un imprimé à fleurs rose. À aucun moment, vous ne la remarquez. Et pourtant, pendant votre enfance, vous avez vu votre mère porter le même imprimé. Ce détail suffit à donner une impression de déjà-vu à la scène. Il existe d'autres interprétations au déjà-vu. Pour Sigmund Freud, le déjà-vu, c'est le déjà rêvé. Imaginez que vous ayez rêvé une situation et que vous l'ayez oubliée au réveil. Quelques années plus tard, cette situation se produit mais vous êtes incapable de faire le moindre lien avec ce rêve oublié.

Des recherches récentes ont permis de mettre en évidence que, contrairement aux idées reçues, faire attention n'aiderait pas forcément un sujet à mieux voir. En pratique, les chercheurs ont démontré que des données visuelles peuvent accéder à la conscience indépendamment de l'attention que l'on peut porter. Cela signifie que l'on peut réussir à voir sans voir, donc à mémoriser des éléments visuels sans même en avoir conscience à l'instant donné. Cette particularité permet d'expliquer certains phénomènes de déjà-vu. Notre mémoire est une structure en constante évolution.

Lorsque nous pensons à nos souvenirs, imperceptiblement, sans le vouloir, nous les transformons très légèrement à chaque fois. C'est ainsi qu'au fil des années, de faux souvenirs apparaissent. Ils n'ont jamais existé alors que la personne est persuadée du contraire. Des équipes scientifiques ont travaillé sur l'impact de la publicité qui fabriquerait de faux souvenirs. Des tests ont montré que des consommateurs qui avaient vu des spots de publicité décrivant avec soin le plaisir de goûter un produit sucré, étaient persuadés quelques semaines plus tard d'avoir mangé ce dessert alors qu'ils ne l'avaient jamais testé.

La télépathie passée au scanner

La télépathie a quelque chose de fascinant à l'époque des téléphones portables, des SMS et des e-mails. Pouvoir communiquer avec une personne à l'autre bout du monde, être capable, en se concentrant, d'influer sur ses pensées donne le vertige. Mais qu'en est-il réellement ?

Un phénomène mystérieux

Beaucoup d'expérimentations sur la télépathie ne trouvent toujours pas d'explications. C'est le cas de l'étude conduite par le Pr Rudolph Peters à Cambridge. Tout est parti de la rencontre de ce scientifique avec une mère dont le fils souffrait d'un retard mental. Outre son retard mental, ce garçon présentait une vision extrêmement réduite. L'ophtalmologiste fut très surpris de constater que, contrairement à ce qu'il attendait, les capacités visuelles du jeune garçon étaient parfaites. Il décida alors de tenter une expérience. Il fit sortir la mère de la pièce où se trouvait l'enfant. La vue de celui-ci chuta complètement. Il recommença les tests et, à chaque fois, il constata que l'enfant pouvait réussir les tests visuels uniquement si sa mère se trouvait dans la même pièce que lui. Il émit l'hypothèse qu'il pouvait exister de petits signes imperceptibles préalablement convenus entre la mère et l'enfant, sans que les scienti-

---

Télépathie et e-mail

Le Pr Sheldrake aux États-Unis (Sheldrake et Smart, 2005) a voulu tester la possibilité de communication par télépathie en relation avec des e-mails. Pour cela, il a sélectionné 4 sujets pour envoyer des e-mails. Les participants devaient deviner, une minute avant l'envoi, laquelle de ces personnes allait envoyer le mail. Après 552 essais, 43 % réussirent à trouver la bonne personne, ce qui est largement au-dessus de la probabilité standard, qui aurait dû être de 25 %. Il est impossible à ce jour de trouver une explication à ce phénomène. Il serait nécessaire de reproduire de telles expériences sur des échantillons de populations plus importants afin de mieux interpréter ces données.

---

fiques ne s'en aperçoivent. Sans prévenir l'enfant, ils recommencèrent les tests, mais avec la présence de sa mère cachée dans une pièce voisine. Les tests visuels furent réussis. Ils allèrent plus loin dans l'expérience. À huit kilomètres du laboratoire, ils montrèrent à la mère, de façon aléatoire, une série de cartes contenant des chiffres ou des lettres. Le médecin demandait par téléphone au garçon quel était le chiffre ou la lettre. Alors que, statistiquement, il n'aurait pu trouver au mieux la bonne réponse dans 10 % des cas, les différents essais avec le garçon et sa mère présentèrent la bonne réponse dans 32 % des cas. Cette observation n'est pas isolée. Il faudrait reproduire à une plus large échelle ce type d'expérience pour pouvoir vérifier ces données.

Souvent des personnes sentent que quelqu'un va leur téléphoner, qu'elles vont recevoir un SMS ou un e-mail ; et justement, ce qu'elles ont pressenti se produit. Il est intéressant de noter que les expériences de télépathie concernent de façon générale des personnes qui se connaissent préalablement. La télépathie entre inconnus est beaucoup plus rare.

Des débuts d'explication ?

Il existe peut-être des bribes d'explication aux phénomènes de télépathie. Pensez à cette expression populaire qui dit à propos de deux personnes : « le courant passe entre eux » ou bien : « cette personne dégage quelque chose, je me sens attiré vers elle », ou encore : « je n'ai pas d'atomes crochus ». Pour tenter de comprendre ces attirances ou ces répulsions des personnes entre elles, de très nombreuses études scientifiques ont été réalisées depuis des décennies. Certains éléments se sont dégagés qui permettent de mieux analyser ce qui se passe, en dehors du contexte social ou psychologique. Il est vrai que l'attirance entre un homme et une femme peut parfois correspondre à l'expression d'un modèle familial, social ou publicitaire qui peut enfin se réaliser. De façon inconsciente, nous pouvons intégrer dans notre subconscient des modèles qui correspondent au conjoint idéal. Il peut prendre l'aspect du jeune premier de film, du héros de roman, du gendre idéal que suggèrent les parents, du premier de la classe au cancre rebelle…

Tous les modèles sont possibles en phase ou en opposition avec ce que propose le monde extérieur. Certains trouvent leur sérénité en choisissant le gendre idéal ou la belle-fille parfaite, pour continuer à se sentir aimés de leurs parents. D'autres, à l'inverse, se projettent sur des modèles d'opposition avec la sensation profonde de s'affirmer et d'exister intensément en se mettant en rupture avec les devoirs imposés mais non consentis. Dans les deux cas, le résultat risque d'être le même : le choix pour faire plaisir ou par réaction ne correspond pas forcément à un souhait profond. En dehors de la dimension psychologique du choix d'un partenaire, de nombreuses études ont exploré d'autres pistes. Il apparaît que l'attirance est plus marquée en cas de différences génétiques significatives et que l'odorat joue un rôle non négligeable dans le désir sexuel de l'autre. Les odeurs interviennent comme des stimuli sexuels, en particulier les odeurs dégagées par les aisselles ou les poils pubiens par exemple.

Toujours est-il qu'il existe des dimensions inexpliquées dans l'attirance et la communication entre les humains, mais pas seulement.

D'autres travaux scientifiques se sont portés sur les transmissions de pensées entre l'animal et l'homme. Par exemple, on a répertorié de nombreux cas de chiens qui se mettent à hurler sans aucune raison alors que leur maître se trouve en danger en dehors de l'espace où ils se trouvent. On retrouve également des cas où le chien fait tout ce qu'il peut pour attirer les secours vers son maître qui se trouve en danger de mort.

Dans le même esprit, d'autres équipes scientifiques ont étudié le nombre de fois où un chien se tenait à la fenêtre pour guetter le retour de son maître. Ils ont noté qu'en demandant au maître de rentrer chez lui à des heures aléatoires dans la journée, le chien se tenait à la fenêtre de façon continue dix minutes avant son arrivée. Il se mettait en position pour l'accueillir alors que ce n'était pas son heure habituelle de retour à la maison. C'est en laissant une caméra à l'intérieur de la maison que les chercheurs ont pu mettre en évidence ces comportements particuliers et mystérieux. De même que certains animaux peuvent détecter des spectres de couleurs différents de nous, serait-il possible qu'ils disposent d'outils de communication que nous ne connaissons pas aujourd'hui ? Nous avons encore tout à apprendre des animaux et de leur façon de communiquer en dehors de la parole.

Le perroquet, un sacré télépathe

Le seul animal qui dispose partiellement de la parole est le perroquet. Des travaux sur la télépathie ont été réalisés avec un perroquet de New York. Ce perroquet a ceci de particulier qu'il possède par dressage un répertoire assez étonnant de 950 mots. Le test a consisté à montrer des images au propriétaire du perroquet pendant que ce dernier était placé dans une pièce voisine. Les images correspondaient à des mots de son répertoire acquis. Dans 32 % des cas, le perroquet a réussi à trouver avec son vocabulaire la bonne image, ce qui est statistiquement considérable.

À la lumière de ces expérimentations sur la télépathie, on peut donc affirmer que cette forme mystérieuse de communication ne marche pas à tous les coups et qu'elle semble mieux fonctionner avec certaines personnes qu'avec d'autres. Un peu à l'image d'une station radio que l'on recherche sur l'autoroute, qui fonctionne par moments et qui se coupe dans d'autres.

Télécommander un bras robotisé par la pensée

Des patients victimes d'accidents vasculaires cérébraux et qui n'avaient pas récupéré leurs capacités, ont pu bénéficier de traitements d'une nouvelle génération. Par la pensée, il leur était possible, par exemple, de saisir une thermos à l'aide d'un bras mécanique articulé et de boire avec une paille. Des implants neuronaux captent des ondes spécifiques du cerveau. Ces ondes sont transformées en impulsions électriques dans des puces implantées et sont ensuite transmises à un ordinateur dont le rôle est de bouger le bras articulé selon les pensées et les ordres de la personne. Les implants cérébraux sont justement placés à l'occasion d'une intervention chirurgicale dans les régions connues pour obéir aux ordres de la pensée. Ceci constitue un progrès considérable pour les patients car il leur permet une relative autonomie pour certains gestes simples de la vie quotidienne, comme de boire un verre d'eau sans aide extérieure. Pour un malade paralysé et privé de la parole, c'est un espace de liberté considérable. Vingt ans plus tôt, personne n'aurait pu croire à la possibilité de commander un objet par la seule pensée. On ne peut pas apparenter ces expériences à de la télépathie pure, mais ces progrès ouvrent de nouvelles pistes sur des possibilités de communication du cerveau qui nous sont encore inconnues.

• LE POUVOIR DU MAGNÉTISME

Un peu d'histoire et de biologie...

En 1820, Hans Christian Oersted, un scientifique danois, réussit une expérience qui ouvrit le chemin du magnétisme. Il plaça une boussole à côté d'un fil électrique où passait un courant. Il éteignit le courant. La direction de l'aiguille de la boussole changea. Ce fut simple mais démonstratif. Une boussole est composée d'une aiguille magnétisée qui tourne librement sur un pivot pour indiquer la direction du nord magnétique du globe terrestre. Cet ancêtre du GPS permet de se diriger sur les quatre points cardinaux. L'expérience est passionnante : des ondes non visibles peuvent changer la direction d'une aiguille métallique. L'invisible devient visible, et c'est le début de l'histoire...

Le magnétisme est un phénomène physique par lequel entrent en action des forces attractives ou répulsives d'un objet sur un autre ou avec des charges électriques en mouvement. Les objets magnétisables peuvent interagir avec un champ magnétique par une réaction d'orientation et de déplacement. Lorsqu'il s'agit d'objets que l'on peut faire bouger avec des aimants, les choses sont simples. Mais aujourd'hui, une découverte médicale a révolutionné les données. Les chercheurs ont démontré la présence, dans le cerveau humain, de particules magnétiques, des cristaux de magnétite, qui nous rendent réceptifs aux champs magnétiques extérieurs. Ce sont justement ces mêmes cristaux de magnétite qui composent l'aiguille des boussoles. Nous sommes donc sans le savoir des récepteurs et des émetteurs. Apprendre comment fonctionnent ces émetteurs récepteurs permet de découvrir une puissance insoupçonnée que nous détenons sans en avoir le mode d'emploi.

Dans le passé, les pigeons ont servi de premier modèle d'étude. Ils disposent en effet de ces mêmes particules métalliques cérébrales, mais ils les utilisent pour se diriger dans les airs comme s'il s'agissait d'un radar invisible. C'est un système de navigation efficace et robuste qui leur permet de parcourir la planète d'un bout à l'autre sous tous les méridiens. À l'occasion des grandes migrations, ils utilisent ces champs électromagnétiques terrestres pour se repérer et retrouver leur chemin.

Chez l'homme, les découvertes sur le magnétisme apportent de nouvelles solutions pour diagnostiquer et traiter certaines maladies. C'est une source de guérison grâce à des procédés non chimiques qui sont très bien tolérés. Les scientifiques sont en passe d'ouvrir de nouvelles voies qui peuvent aller jusqu'à changer des comportements, comme transformer un sujet doux en sujet agressif ou l'inverse. On comprend aisément les limites de ces nouveaux traitements qui ne sont pas à mettre dans toutes les mains. Prescrits et appliqués par des médecins, il n'y a pas de risque mais entre les mains de dictateurs, le développement de ces techniques serait un désastre.

Les indications thérapeutiques du magnétisme

Le magnétisme est prescrit dans le cadre des migraines ou pour le traitement de la dépression, pour ne donner que ces exemples. Revenons sur les croyances populaires à propos du magnétisme. Depuis toujours, on parle dans les campagnes du pouvoir étrange et mystérieux de certains guérisseurs ou magnétiseurs et les habitants se repassent leurs adresses sous le manteau. Tout le monde est au courant de ce qu'ils font et chacun sait qu'il pourra un jour faire appel à eux. Il n'existe aucune étude sérieuse pour montrer l'efficacité de ces traitements. Et pourtant, il se trouve toujours des personnes pour raconter l'histoire de guérisons miraculeuses dont ils ont été acteurs ou témoins. Il s'agit la plupart du temps de maladies pour lesquelles la médecine traditionnelle était en échec et n'avait rien à proposer pour guérir ou soulager les patients.

Dans ma carrière de médecin, j'ai été témoin de multiples exemples : des verrues, des migraines, des douleurs rhumatismales, de l'asthme, l'inventaire est long… Je dois à chaque fois reconnaître ma perplexité et mon embarras et j'ai toujours rangé ces guérisons dans la rubrique « effet placebo ».

L'effet placebo

L'effet placebo se produit lorsqu'un médecin prescrit à ses patients des pilules contenant par exemple exclusivement du sucre et leur explique qu'il s'agit d'un traitement très efficace pour traiter un symptôme, comme la douleur ou l'insomnie. Un tiers des patients jugeront le médicament efficace et ce d'autant plus que le médecin leur aura rappelé de ne surtout pas dépasser la dose prescrite. Le principe est de croire très fort qu'un médicament peut guérir. Il devient actif pour environ 30 % des gens, même s'il ne contient rien du tout. Cette constatation oblige d'ailleurs l'industrie pharmaceutique à toujours tester un nouveau médicament contre un placebo, pour s'assurer que l'effet bénéfique ne dépend pas seulement de l'effet placebo.

La dépression

Une personne sur cinq dans sa vie sera atteinte de dépression nerveuse. C'est un chiffre qui montre à quel point ce phénomène de société est important. Il ne s'agit pas d'un état d'âme passager mais d'une réelle maladie qui détruit la vie de ceux qui la subissent, pouvant parfois les conduire au suicide. La dépression peut se manifester sous différents aspects, ce qui rend le diagnostic délicat. Dans les cas classiques, le sujet ressent une immense tristesse, une perte de motivation, même pour des choses simples, et la notion d'une perte de valeur en tant qu'individu. Dans d'autres cas, cela se traduit par une fatigue excessive, une perte de l'appétit ou des épisodes de boulimie, une difficulté pour se concentrer ou prendre des décisions, une chute de la libido, une forte irritabilité ou une agressivité, une perte du plaisir très marquée. J'attache une importance particulière à la dépression masquée. Personne ne va repérer ce qui s'installe. Le sujet lui-même n'ose pas penser un seul instant qu'il est atteint d'une réelle dépression. Le corps lance des appels au secours sans que bien souvent ni la personne qui en souffre ni l'entourage n'entendent ces SOS de détresse. Il s'agit d'une maladie sourde qui se développe à bas bruit en faisant un peu plus de dégâts chaque jour.

Des facteurs de risque peuvent être associés à la dépression. Il a été noté que, dans certains cas, le taux de sérotonine (neurotransmetteur essentiel du système nerveux central) était plus faible. L'hypothyroïdie ou la ménopause peuvent, en raison des modifications hormonales qu'elles induisent, participer à cet état dépressif ou le déclencher. Le stress est également une cause connue, surtout lorsqu'il s'étend sur de trop longues périodes. La saison joue également un rôle. Il existe des dépressions saisonnières qui se manifestent en automne et en hiver connues sous le nom de SAD (*seasonal affective disorder*). Elles se soignent très bien avec la luminothérapie. Enfin, il arrive que la dépression s'explique facilement par la survenue d'événements extérieurs brutaux comme un divorce, un décès, la perte d'un emploi. La maladie apparaît alors comme un mode de réaction.

Pour soigner la dépression, il existe aujourd'hui un arsenal thérapeutique important, mais qui n'arrive pas toujours à guérir complètement la personne en souffrance. La psychothérapie ou la psychanalyse aident à la recherche au plus profond de l'individu des événements de son passé qui peuvent expliquer la dépression. Sigmund Freud a ouvert de nombreuses voies pour fouiller dans l'inconscient et comprendre les racines de certaines dépressions. Les médicaments sont nombreux pour essayer d'améliorer l'humeur, mais les résultats demeurent inconstants. Le risque de dépendance existe et n'est pas à négliger.

Depuis peu, une nouvelle technique de traitement de la dépression a vu le jour et donne des résultats prometteurs permettant de guérir des patients ou de nettement améliorer leur état et ceci sans médicaments, sans risques et sans effets secondaires. Il s'agit de la stimulation magnétique transcrânienne. La personne est placée en position assise. Les médecins utilisent un gros aimant situé au-dessus de sa tête qui produit un champ magnétique pendant environ dix minutes. Cette technique permet d'activer une zone précise du cerveau qui va se trouver stimulée par les rayons électromagnétiques. Cette partie cérébrale est connue pour être active au niveau de la régulation des émotions, de la joie et du plaisir. Cette petite zone se situe à 1,6 centimètre sous le cuir chevelu, au niveau du cortex préfrontal latéral gauche. Pour bien repérer cette zone de la taille d'une pièce de monnaie, les médecins utilisent une sorte de GPS cérébral qui permet d'obtenir une grande précision. Quand la zone se trouve stimulée, il se produit d'ailleurs une contraction réflexe du pouce droit, comme pour dire que tout va bien…

Chez l'animal, la stimulation de cette zone a permis de mieux comprendre l'effet bénéfique de cette technique sur la dépression. On assiste à une libération de dopamine, connue pour son effet positif sur le désir et le plaisir. Cette méthode est déjà utilisée aux États-Unis et donne des résultats positifs chez de nombreux patients. C'est une nouvelle voie douce et efficace pour la prise en charge d'une maladie qui fait encore trop de dégâts.

La migraine et les maladies neurologiques

Les migraines touchent trois fois plus de femmes que d'hommes. Ce sont des maux de tête qui se produisent avec une fréquence et un rythme très variés d'une personne à l'autre. Souvent, le sujet sent venir la crise par de petits signes neurologiques annonciateurs. Il arrive aussi que la personne, à force de subir ces crises, finisse par repérer des événements déclencheurs tels que la prise de certains aliments comme du café ou du chocolat, l'excès de stress, des périodes du cycle génital… Les migraines sont douloureuses et ne répondent pas toujours aux différents traitements proposés. L'échantillon médicamenteux thérapeutique est très varié, allant des bêta-bloqueurs au Botox, de l'aspirine au paracétamol, chacun essayant de trouver ce qui peut le soulager ou écourter la crise.

Dans ce cas aussi, la stimulation électromagnétique donne des résultats positifs chez un certain nombre de sujets. Le caractère non invasif et indolore de la méthode lui donne un atout non négligeable, surtout chez les personnes qui souffrent pendant toute une vie. Dans bon nombre de cas, la stimulation magnétique permet d'agir en diminuant le seuil de déclenchement des crises, ce qui a pour effet de réduire de façon significative la fréquence des crises.

La stimulation électromagnétique a été utilisée avec succès dans d'autres pathologies. Dans des douleurs chroniques neuropathiques rebelles à tous les traitements, cette technique compte de nombreux résultats positifs. De même, dans la maladie de Parkinson qui se caractérise par un tremblement de repos et une hypertonie, elle a permis une récupération partielle des performances motrices. Dans le cadre de dystonies (comme par exemple la crampe de l'écrivain), cette méthode se révèle également bénéfique. Nous sommes pour le moment au tout début de l'exploitation de ce nouveau moyen thérapeutique, mais les premiers résultats sont très prometteurs et incitent, dans les cas rebelles aux traitements classiques, à réfléchir à cette méthode qui sort des sentiers battus.

• LES POUVOIRS
QUE L'ON NE COMPREND PAS

La première règle pour devenir un excellent chercheur, est de ne surtout pas avoir d'*a priori*. Il faut observer et réfléchir sans idées préconçues. Prenons l'exemple des plantes médicinales. Elles sont utilisées depuis des siècles en Afrique, en Inde ou en Asie. Au fil du temps, des générations d'hommes et de femmes ont été soignées par ces traitements sans que l'on en connaisse la raison. Depuis plusieurs années, l'industrie pharmaceutique est partie sur la piste de ces plantes qui soignent pour percer leur mystère et démontrer ou pas leur réelle efficacité. Pour l'instant, quelques pratiques ancestrales se sont montrées utiles pour guérir certaines maladies. Sans le savoir, nos ancêtres ont instinctivement établi une jonction entre une plante et une maladie. Dans d'autres cas, les résultats ont été totalement décevants. Mais les recherches se poursuivent encore aujourd'hui. Dans cet esprit, j'ai essayé de comprendre s'il y avait une réalité scientifique dans les pratiques de la parapsychologie. Au démarrage, j'ai simplement tenté de savoir si ces méthodes vieilles pour certaines de plusieurs milliers d'années avaient une quelconque légitimité.

Prédire son avenir : les lignes de la main

La chiromancie est utilisée en Chine et en Inde depuis cinq mille ans. Pour les adeptes de cette discipline, l'objectif est d'interpréter le trajet des lignes de la paume de la main afin d'établir des liens avec la personnalité et l'avenir de la personne. En chiromancie, il existe plusieurs lignes : la ligne de vie serait la plus importante, indiquant la vie et les ruptures qui se traduisent par des coupures. Les chiromanciennes divisent la longueur de la ligne de la main en périodes proportionnelles pour prédire le moment où se produiront ces ruptures. Elle débute entre le pouce et l'index et s'achève au mont-de-vénus, situé à la base du pouce. La seconde ligne, celle du milieu, est la ligne de tête, qui correspondrait aux aptitudes mentales. La ligne de cœur fournirait des indications sur la vie amoureuse. Il y a également une ligne du destin et de la chance. Existe-t-il une réalité scientifique dans ces pratiques, ou cela relève-t-il uniquement du charlatanisme ?

Plusieurs équipes scientifiques se sont attelées à cette recherche. Le Pr Newrick, en Grande-Bretagne (Newrick *et al.*, 1990), a étudié la relation entre la longueur de la ligne de vie et la longévité réelle des sujets. Sa méthode a le mérite d'être efficace : sur 100 autopsies, il a comparé la longueur de la ligne de vie et la date du décès des personnes. Contre toute attente, il a établi un lien entre les deux. L'étude porta sur 63 hommes et 37 femmes âgés de 27 à 105 ans. Newrick mesura avec soin chaque longueur de ligne en veillant à placer à chaque fois la main dépliée dans la même position. Il observa que les corrélations étaient plus fortes avec la main droite qu'avec la main gauche. Il est évident que l'échantillon de 100 personnes est une première approche et qu'il serait nécessaire d'effectuer des recherches sur des populations plus importantes pour vérifier ces premières données. Dans ce cadre, d'autres études ont été menées. Je citerai à titre d'exemple une étude indienne récente (Madan, 2011) qui a porté sur 336 enfants entre 3 et 6 ans. Il a ainsi pu établir un lien entre l'apparition des caries dentaires et la forme des empreintes du troisième doigt de la main.

Si l'on fait une corrélation entre l'apparition des rides et la durée de vie, il est établi par des études scientifiques que lorsqu'on paraît dix ans de moins, on vit dix ans de plus. Pour illustrer ces travaux, il suffit de penser au fait que le tabac accélère de façon forte les rides sur le visage, donne un teint gris et diminue fortement l'espérance de vie par l'apparition précoce des maladies cardiovasculaires et des cancers. Sans passer par les lignes de la main, il existe donc d'autres moyens pour prédire l'espérance de vie. Il suffit d'observer la vitesse de la marche d'un sujet âgé pour prédire son espérance de vie.

Le Pr Rachel Cooper (Cooper *et al.*, 2010) a recherché d'autres indices pour prédire l'espérance de vie de façon objective sans utiliser de boule de cristal. Elle a établi, chez des sujets âgés, des liens nets entre l'espérance de vie et plusieurs paramètres physiques, comme la force de serrage de la main, la vitesse de la marche et la rapidité à se lever d'une chaise. Globalement, plus le sujet se déplace vite et bouge rapidement, plus il maintient une bonne force musculaire et plus sa longévité augmente.

Montre-moi tes mains

Les mains racontent souvent l'histoire d'une vie. Depuis les mains besogneuses du travailleur de force jusqu'aux mains fines du pianiste, il existe une multitude de témoignages. Les mains révèlent l'âge d'une personne avec plus de fiabilité que le visage. Si l'on pense à se mettre des crèmes solaires protectrices sur le visage, il faudrait avoir les mêmes réflexes pour les mains qui sont très exposées au soleil.

Nos ongles ont la parole

Certaines pathologies transparaissent à travers l'apparence de nos mains, en particulier les ongles. Voici quelques exemples.

• L'hippocratisme digital est un signe qu'il faut toujours prendre très au sérieux, car il est un signal fort de maladies graves comme des cancers du poumon. Il se traduit par des ongles qui bombent légèrement, en verre de montre. L'ongle bombe dans les deux sens, dans le sens de la largeur et de la hauteur. Dans sa consistance, l'ongle est normal, en revanche il présente une modification dans sa forme.

• La couleur des ongles est aussi une indication importante : s'ils apparaissent un peu violacés, il faut sans attendre consulter son médecin. Cette coloration dite cyanosée signifie que le sang n'est pas suffisamment oxygéné. Il peut y avoir plusieurs causes possibles : des insuffisances respiratoires liées à des maladies chroniques du poumon, des cancers du poumon ou des maladies cardiovasculaires, la pompe cardiaque ne faisant plus complètement son travail. Pour confirmer ce doute, il suffit d'observer dans un second temps la couleur des lèvres. Si elles apparaissent également violacées, le diagnostic est posé. En revanche, des taches blanches sous les ongles ne présentent pas de risque particulier pour la santé.

La longueur de l'index et le cancer de la prostate

Une étude britannique récente vient de mettre en évidence le fait que la longueur de l'index est un facteur de prédictivité du cancer de la prostate. Si un homme est âgé de moins de

60 ans et que son index est plus long que son annulaire, le risque pour lui de développer un cancer de la prostate baisse de 87 %. Si l'homme est âgé de plus de 60 ans, le risque baisse de 33 %. Il se trouve que la longueur de l'index est en rapport avec le niveau d'hormones pendant la grossesse. En pratique, moins les garçons sont exposés à la testostérone, plus l'index sera long, augmentant ainsi la protection contre le cancer de la prostate.

La graphologie :
une façon de diagnostiquer des maladies

La graphologie est utilisée pour essayer de comprendre les caractéristiques psychologiques d'une personne à partir de son écriture. Certains cabinets de recrutement utilisent cette technique pour essayer de mieux cerner un individu avant une embauche potentielle. La question ici est de savoir si, à partir d'une forme d'écriture, on peut détecter l'apparition de certaines maladies et si la graphologie s'avère une technique fiable pour déterminer la personnalité et la psychologie d'un individu. Il faut reconnaître qu'il devient plus facile, aujourd'hui, de récupérer le code génétique d'une personne avec un simple cheveu (en sachant que nous en perdons au moins cinquante par jour) que de récupérer un échantillon d'écriture. De plus, l'arrivée des textos et des e-mails ne laisse plus rien filtrer d'intime dans la forme. Enfin, il est évident qu'une personne souffrant d'une maladie de Parkinson retrouvera son tremblement au niveau de l'écriture.

Une étude sur la graphologie se distingue cependant des autres. Elle a été réalisée en France par le Pr Mouly à l'hôpital Lariboisière (Mouly *et al.*, 2007). Elle met en évidence le fait que la graphologie peut servir à déterminer les sujets qui présentent des risques de suicide. Les auteurs de cette recherche ont sélectionné 40 sujets ayant effectué une tentative de suicide et un groupe de 40 personnes ne présentant *a priori* aucun risque psychologique. Les 80 lettres analysées ont montré que dans le groupe « suicide », il existait des différences caractéristiques par rapport au groupe témoin. Il faut noter que l'analyse graphologique est également utilisée au niveau juridique, pour authentifier un texte officiel, comme un testament, ce qui démontre l'existence de critères sérieux dans l'interprétation d'une écriture.

• LE SENS DE L'OBSERVATION

Il suffit d'observer un visage et le corps d'une personne pour avoir déjà des orientations sur son état de santé, avant même de regarder ses mains…

Une personne de grande taille
augmente-t-elle son risque de cancer ?

En étudiant plus d'un million de femmes en Grande-Bretagne, il est apparu que la taille peut être proportionnelle au risque de cancer, quel que soit le type de cancer. Les résultats montrent que plus une femme est grande, plus son risque de cancer augmente. Quand une femme mesure plus de 1,73 mètre, ses risques de développer un cancer augmentent de 37 % par rapport à celle qui mesure moins de 1,50 mètre. Au-delà de cette taille, le risque de cancer augmente de 16 % tous les dix centimètres. Une autre étude a montré que plus un homme est grand, plus son risque de développer un cancer des testicules augmente. Les chercheurs ont noté qu'à partir de 1, 80 mètre, le risque de cancer des testicules augmente de 13 % tous les cinq centimètres.

La bonne répartition des graisses pour mieux se protéger

Il vaut mieux ressembler à une poire qu'à une pomme. La répartition des graisses est un bon indicateur du risque cardiovasculaire. Quand la graisse se situe sur la taille et le ventre, les risques cardiovasculaires sont plus élevés que quand l'excès de graisse se situe sous la ceinture. Une étude scientifique a même montré que les grosses fesses présentaient chez la femme un facteur de protection cardiovasculaire. Pour se faire une idée très grossière de son propre risque, si votre tour de taille dépasse 80 centimètres chez une femme et 94 centimètres chez un homme, consultez votre médecin. Il est important de détecter le plus vite possible ce qui est défini en médecine comme le syndrome métabolique. Il faut réunir trois critères positifs parmi ceux-ci : tour de taille supérieur à 80 centimètres pour les femmes et 94 centimètres pour les hommes, des triglycérides sanguins supérieurs à 1,50g/l, une tension artérielle supérieure à 130/85 mmHg, un taux de bon cholestérol trop bas et trop élevé de mauvais et une glycémie supérieure à 1g/l. Lorsque le diagnostic est posé, c'est la porte ouverte à la flambée des maladies cardiovasculaires.

• LES ASTRES

Le mois de notre naissance
nous conditionne-t-il ?

De très nombreux magazines proposent une rubrique horoscope et, soyons honnêtes, nous sommes nombreux à le lire, même si nous n'y croyons pas. Mais qu'il soit lunaire ou solaire, existe-t-il quelque chose de fiable dans ses prédictions ? Bien entendu, si vous décidez de ne pas lire votre propre horoscope, mais celui d'un autre signe, vous allez trouver à chaque fois des détails qui vous concernent. Parfois, vous noterez des coïncidences entre les prédictions astrales et des événements survenus dans votre semaine. Pour essayer d'y voir plus clair, des équipes scientifiques ont étudié les liens qui pouvaient exister entre le mois de naissance et les caractéristiques de la vie d'une personne. Les bases de données santé de la population sont si performantes aujourd'hui qu'il devient possible d'établir des liens entre la date d'un anniversaire et la santé d'une personne. Il s'agit bien sûr d'études rétrospectives sur la vie d'un individu. La première étude a été réalisée au Vietnam par une équipe autrichienne. Elle montre que les femmes nées en juillet et en août auraient moins d'enfants. Les conditions atmosphériques, ainsi que le type d'alimentation pendant la grossesse, peuvent avoir une possible influence sur les organes de reproduction du fœtus. Il est possible que certaines carences jouent un rôle. À titre d'exemple, il a été démontré qu'une carence en acide folique pendant la grossesse pouvait être à l'origine d'une malformation appelée spina-bifida chez le fœtus. Les mêmes chercheurs ont étudié des populations en Roumanie et ont noté que la fertilité des femmes nées en juin était supérieure à celles nées en décembre.

Dans un autre domaine, l'équipe du Pr Nilsson en Suède (Nilsson *et al.*, 2007) a recherché des liens entre le mois de naissance d'un enfant et les risques d'allergies. Il est vrai que les allergies touchent de plus en plus de monde (voir chapitre 4). Elles ont doublé en quinze ans. Aujourd'hui, une personne sur trois souffre d'allergie. Les symptômes vont de la simple rhinite allergique jusqu'à l'asthme. Tous les âges sont concernés. L'étude suédoise a porté sur 209 enfants âgés de 12 à 15 ans. Les chercheurs ont constaté que les enfants nés entre septembre et février présentaient plus de problèmes d'allergie, qu'elles soient respiratoires liées à des pollens ou alimentaires. À l'inverse, ils ont constaté que les sensibilités aux pollens, les rhinites et les conjonctivites allergiques étaient moins fréquentes chez les enfants nés au printemps. Il est possible que les enfants nés au moment de l'exposition au pollen soient mieux protégés contre le contact ultérieur avec ces allergènes. Des scientifiques belges se sont intéressés au lien entre la maladie de Crohn (maladie chronique inflammatoire intestinale) et le mois de naissance des personnes. L'étude a porté sur 1 025 patients. Une corrélation significative a été mise en évidence entre le mois de naissance et la fréquence de cette maladie. Les chercheurs ont noté un risque très réduit de développer cette maladie chez les personnes nées au mois de juin. L'ensoleillement jouerait-il un rôle protecteur sur certaines maladies ? Il est évident que l'exposition au soleil fait penser à l'influence de la vitamine D qui se fabrique sur la peau avec les rayons du soleil et son rôle dans la prévention de nombreuses maladies. Le Pr Bayes en Grande-Bretagne (Bayes *et al.*, 2009) a recherché les liens qui pouvaient exister entre la sclérose en plaque et le mois de naissance. Pour cela, il a étudié la population écossaise, qui présente un des taux mondiaux les plus élevés de sclérose en plaque. Les chercheurs ont observé sur un très large échantillon de la population qu'il existait des liens entre le mois de naissance et la maladie. Les enfants des deux sexes nés en avril présentaient 22 % de plus de sclérose en plaque contre 16 % de moins pour les enfants nés en automne. Toujours en Grande-Bretagne, une autre équipe médicale a recherché les correspondances entre le mois de naissance et l'anorexie mentale. Ils ont ainsi observé une fréquence plus élevée chez les enfants nés entre les mois de mars et de juin et une fréquence plus faible chez ceux nés entre les mois de septembre et octobre.

Existe-t-il une influence de la lune ?

La lune a depuis toujours représenté une véritable mythologie. Des maladies qui se produisent selon la lune à la fréquence des naissances, du tempérament qui change selon la position de l'astre jusqu'à ces phénomènes inquiétants qui se produiraient durant la pleine lune, toutes les spéculations sont ouvertes. L'arrivée des premiers hommes sur le sol lunaire en 1969 n'a rien changé à l'imaginaire qui entoure cette planète. Pourtant, ce que l'histoire retiendra de ce dernier millénaire sera peut-être seulement cette première conquête spatiale. Là encore, il est intéressant de faire appel à la science.

L'équipe du Pr Ahmad à Glasgow (Ahmad *et al.*, 2008) a observé, sur 7 000 patients admis pour des accidents vasculaires à l'hôpital, une hausse de la fréquence des admissions pendant les périodes de pleine lune. Aucune explication n'a été trouvée à cette coïncidence. De même, le Pr Roman en Espagne (Roman *et al.*, 2004) a recherché l'influence de la pleine lune sur les admissions à l'hôpital pour des saignements d'origine digestive. Il a noté un rythme d'une admission par jour en période de pleine lune et une fréquence d'environ un jour sur deux dans les autres périodes. D'autres équipes en Iran ont souligné des liens entre les crises de colique néphrétique et les cycles lunaires. Les modifications des cycles lunaires influencent-elles certaines conditions atmosphériques qui retentissent sur la santé ? Ou bien, pour les sujets superstitieux, la pleine lune augmente-t-elle leur stress ?

La mort survient plus souvent à certaines heures

Dans d'autres domaines, des explications scientifiques permettent enfin de comprendre certaines constatations qui, jusqu'à présent, semblaient liées au hasard. Il a été noté dans tous les pays que le taux de décès, quelle que soit la cause mais en dehors des accidents de la route, était plus important aux premières heures du jour. Certains attribuent ce phénomène au souhait du mourant de vouloir attendre les premiers rayons du soleil avant de partir.

L'explication vient d'une protéine sécrétée en fonction de notre horloge biologique. En pratique, il s'agit d'un gène qui intervient sur notre horloge interne et sur la contraction des cellules cardiaques les rendant plus vulnérables à l'aube et provoquant des troubles du rythme cardiaque sur des cœurs en mauvais état. En effet, selon les heures du jour, certains paramètres biologiques varient. Ainsi, le cortisol plasmatique est au plus haut à 8 heures du matin. Le cortisol augmente la quantité de sucre dans le sang, l'énergie et la force musculaire. Les rythmes liés à l'heure de la journée peuvent être décalés plus tard (vers 10 ou 11 heures le matin) ou plus tôt (5 ou 6 heures du matin). Ces décalages entre individus permettent de comprendre pourquoi certains sont plus volontiers du matin ou du soir…

**Influence du jour de la date d'anniversaire
sur la date de la mort**

Le Pr Philips en Californie a étudié l'influence de la date d'anniversaire sur la mort. Il est parti d'un échantillon de population considérable, puisqu'il portait sur 2,7 millions de personnes. Les analyses ont montré que la mortalité des femmes augmentait de façon significative dans la semaine qui suivait leur anniversaire. Le scientifique pense que, pour tenir jusqu'à une date symbolique forte, les femmes font tout pour prolonger leur vie jusqu'à cette occasion et relâchent leurs efforts une fois la date arrivée. C'est l'inverse de ce qui se produit chez les hommes, où la mortalité augmente dans la semaine qui précède l'anniversaire, lequel apparaîtrait comme une source de stress.

Pour l'instant, nous manquons d'explications rationnelles pour comprendre l'étendue de tous ces phénomènes que l'on ne peut qu'observer. Il est évident que les bases de données actuelles retraçant les différents « événements santé » d'une personne peuvent facilement se croiser avec les données de la météo, d'une date de naissance ou d'un cycle lunaire. Nous sommes peut-être sur le point d'apprendre une nouvelle forme d'horoscope... Et rien n'arrête certains chercheurs. C'est le cas d'une équipe américaine qui a décidé d'étudier les pierres tombales dans les cimetières. Ils se sont particulièrement intéressés aux dates de naissance et de mort des couples. Ils ont fait une constatation étonnante. Ils ont remarqué que les hommes qui s'étaient mariés avec des épouses beaucoup plus jeunes affichaient une longévité supérieure aux hommes mariés avec des femmes du même âge qu'eux. Peut-être que ces jeunes épouses deviennent, le moment venu, des infirmières vigilantes et dévouées...

• LA SIGNIFICATION
DES COULEURS DE LA PEAU

La plupart du temps, il ne s'agit pas bien entendu de couleur franche et vive, ce serait trop facile. Je dirais qu'il s'agit plutôt de reflets sur la peau. Bien observer les variations de couleur de la peau à la lumière du jour est précieux. Il suffit pour cela de disposer d'un miroir et d'un entourage qui puisse confirmer ses doutes le cas échéant.

La couleur jaune

Visible sur la peau et parfois au niveau des conjonctives (grossièrement, la partie qui correspond au blanc de l'œil), le jaune signale le plus souvent un SOS lancé par le foie qui ne fonctionne plus comme il se doit. Les causes sont nombreuses : les hépatites virales, les cancers du foie ou des voies biliaires, une intoxication alcoolique, des cailloux dans la vésicule biliaire ou une maladie plus bénigne, la maladie de Gilbert (pathologie héréditaire qui se traduit par un taux élevé de biliburine dans le sang et sans symptômes particuliers). Dans tous les cas, cette observation doit rapidement conduire à un bilan biologique et radiologique pour trouver l'origine et déclencher un traitement si nécessaire.

La couleur grise

C'est bien sûr le plus souvent le teint des fumeurs. Le sang est moins bien oxygéné et le teint ressemble à la fumée de cigarette. Les rides apparaissent plus profondes et précocement, les petits vaisseaux qui apportent l'oxygène à la peau présentent un diamètre plus petit, ce qui explique la mauvaise oxygénation des tissus. Le tabac est une calamité qui fait vieillir plus vite en exposant à des risques plus élevés de cancers et de maladies cardiovasculaires. En dehors du tabac, un teint gris peut s'observer dans d'autres maladies comme la maladie d'Addison, sorte de tuberculose des glandes surrénales.

Les couleurs rouge, blanche ou orange

En dehors des coups de soleil, un teint rouge peut être lié à plusieurs maladies. La polyglobulie correspond à un nombre excessif de globules rouges dans le sang. Cet excès en nombre est dangereux car il y a un risque de provoquer des accidents vasculaires. Le visage peut prendre encore d'autres couleurs. Blanc pâle en cas d'anémie qui peut être le signe d'un petit saignement occulte provoqué par exemple par une tumeur, ou une anémie par carence en fer ou vitamine B12. Orange en cas d'excès de vitamine A…

En conclusion, si votre entourage, en dehors d'un retour de vacances, remarque que votre teint n'est pas habituel, consultez votre médecin sans tarder.

• LES GUÉRISONS SPONTANÉES

Pour un médecin, il n'est pas évident d'accepter ce qui n'est pas rationnel. La première fois que j'ai été confronté à ce cas de figure, j'étais jeune externe à l'hôpital. Sans comprendre, nous avions alors assisté à la guérison spontanée d'une femme de 50 ans qui était atteinte d'un cancer du sein avec de nombreuses métastases. Elle était et se savait condamnée à court terme. La découverte de sa maladie ayant été concomitante du diagnostic d'un cancer en phase terminale, il avait été décidé à l'époque de ne tenter aucun traitement, à part des antalgiques à la demande. Et c'est contre toute attente que la patiente a guéri de sa maladie en quelques mois, sans que l'on n'ait jamais pu comprendre l'origine de cette guérison mystérieuse.

J'ai découvert plus tard que ce cas n'était pas isolé. Les guérisons spontanées de cancer représentent 1 cas pour 100 000 cancers, ce qui est très peu, mais pas rien. En cancérologie, pour qu'un cas soit classé comme guérison spontanée, il faut que le diagnostic soit formel avec confirmation des biopsies et surtout qu'il n'y ait pas eu de traitements préalables comme la chimiothérapie, la radiothérapie, l'immunothérapie ou la chirurgie. Ces critères expliquent aussi la rareté de ce diagnostic, car il est exceptionnel qu'un cancer diagnostiqué ne bénéficie d'aucun traitement.

Certains chercheurs se sont intéressés aux points communs qui pouvaient réunir toutes ces guérisons spontanées en cancérologie. Après tout, c'est un mode de raisonnement qui tient la route. Au lieu de chercher quel traitement pourrait guérir du cancer, l'idée est de rechercher comment des patients ont spontanément guéri du cancer. Ont-ils quelque chose en commun ? Que s'est-il passé dans leur vie qui, brutalement, a inversé le cours d'un destin funeste ? Pour l'instant, il n'existe pas de « grand » programme de recherche sur cette thématique et je le regrette. Néanmoins, quelques médecins ont noté certains points qui méritent qu'on leur prête attention. Ainsi, certains cancers sont plus représentés dans ces guérisons spontanées comme les neuroblastomes, cancers de l'enfant. Il semblerait que les enfants concernés présentent une même variante génétique qui pourrait expliquer cette guérison. Chez l'adulte, des cas de guérison de cancers du rein et du sein ont été plus souvent observés. Il semble que le seul point commun répertorié entre tous ces sujets ayant guéri spontanément de cancers soit le fait que cette guérison survient dans 90 % des cas après une infection virale. En effet, les cellules cancéreuses comportent un déficit de la protéine interféron, normalement connue pour protéger les cellules des virus. Ces constatations vont à l'encontre des liens plus anciens identifiés entre virus et cancers. Citons par exemple les *papilloma virus* et les cancers du col de l'utérus (il existe aujourd'hui un vaccin prescrit aux jeunes filles après la puberté), les virus de l'hépatite virale et le cancer du foie, le lymphome de Burkit et le virus d'Epstein Bärr. On assiste cette fois au phénomène inverse : un virus aurait-il la propriété de changer l'ordre des choses et de participer à la guérison du cancer ? Plusieurs équipes se sont lancées dans cette voie. Des chercheurs australiens ont commencé en utilisant le virus du rhume. Cela peut paraître très surprenant d'utiliser le rhume pour soigner le cancer et cependant, quelques éléments sont apparus. Ces travaux de recherche ont été initiés par le cas d'un enfant ougandais de 8 ans atteint d'un cancer (le lymphome de Burkit) qui attrapa ensuite la rougeole (causée par un virus) et se trouva guéri de son cancer.

Toujours dans cette même idée, une autre équipe travaille sur les liens possibles entre le virus de l'herpès et le cancer. À Cincinnati, des chercheurs ont soigné des souris atteintes de tumeurs malignes (neuroblastomes) par un traitement utilisant une version affaiblie de l'herpès. Le Pr Timoty a alors testé deux sortes de virus. L'adénovirus (souvent associé à un rhume banal) et un virus de l'herpès affaibli (souvent associé à ce que l'on appelle communément un bouton de fièvre). Le virus de l'herpès a montré une efficacité dans le traitement du cancer. Il a suffi d'une seule injection de ce virus chez la souris pour la guérir de la tumeur. Il est évident que nous ne sommes qu'au début de la compréhension de ces mécanismes pour tenter d'expliquer ces guérisons spontanées en cancérologie. Nous ne tenons pas encore la solution, mais des pièces éparses d'un puzzle qu'il faut réunir.

Épilogue

Nous sommes les possesseurs de pouvoirs immenses dont nous ne soupçonnons pas même l'existence. Le cerveau et le corps humain détiennent des capacités inouïes que nous n'utiliserons sans doute jamais, soit par ignorance, soit parce que nous ne savons pas comment les repérer, les identifier, les développer et les activer. Quand un homme ou une femme réussit à faire des choses exceptionnelles, très vite, trop vite, nous parlons de dons. Cette interprétation hâtive signifie que tout est joué d'avance, que certains naissent avec un pouvoir que les autres n'ont pas, et que ce n'est même pas la peine d'essayer de se dépasser puisque nous n'en avons pas la capacité. Se dire que tout fonctionne à partir de dons que seuls quelques privilégiés posséderaient revient à construire sa vie avec une attitude de démission. Découvrir ses capacités et les mettre en action est l'un des parcours les plus passionnants qui soient. Il y a deux mille ans, Jésus-Christ a ouvert la voie de cette réflexion par ces paroles : « Qu'as-tu fait de ton talent ? »

Les capacités du cerveau et du corps humain ouvrent des champs d'application dans des domaines extrêmement variés. Le cerveau est un organe qui, bien que ne représentant que 2 à 3 %

du poids du corps, consomme plus de 20 % de l'énergie quotidienne. Il intègre et synthétise des fonctions liées non seulement à l'intelligence et au raisonnement, mais aussi à l'affectif, au sensoriel, le tout stocké dans une mémoire colossale. Pour imaginer ce que peut devenir un cerveau, il faut penser au corps d'une personne qui n'a jamais fait de sport. Les muscles sont flasques et très peu visibles. Après une année et à raison d'une heure de sport par jour, des masses musculaires saillantes apparaissent, le corps devient beau, fort et musclé. L'équilibre est meilleur, le stress moins présent et la santé excellente. Le cerveau aussi a besoin de s'activer et de travailler pour se développer et être le plus opérationnel possible. La maîtrise des capacités cérébrales est un enjeu essentiel qui conditionnera la réussite affective, professionnelle, sociale et surtout le bonheur.

La grande question qui se pose est de savoir dans quelle direction développer ses capacités physiques, sensorielles et intellectuelles. Le champ d'application est tellement vaste que l'on risque de se perdre et de passer sa vie à papillonner sans réussir à se réaliser soi-même. J'espère que cet ouvrage a contribué à vous donner quelques pistes pour améliorer votre bien-être. Pour résumer, je dirais qu'il y a deux versants fondamentaux pour être en meilleure santé.

Le premier versant, que je qualifie d'essentiel, nous concerne tous, parce qu'il est lié au bien-être et à la santé. On ne peut pas faire autrement que de maintenir son corps et son esprit en excellent état de marche si l'on veut continuer à avancer. Le vieil adage « qui veut aller loin ménage sa monture » n'a jamais été autant d'actualité. Dans les principes fondamentaux, citons la qualité et la quantité des apports alimentaires et l'activité physique quotidienne. La nutrition est le carburant obligatoire pour vivre et sa qualité est en étroite relation avec notre santé. Comme je l'écrivais en préface, 30 % de calories en moins, c'est 20 % de vie en plus. Une mauvaise alimentation ne tue pas forcément, mais elle rend malade des années après, gâchant ainsi la qualité de la vie.

Vous l'aurez également compris à la lecture de ce livre, l'activité physique est la clé d'une bonne santé. Trente minutes d'exercice physique par jour diminuent de 38 % les risques de mortalité par les maladies cardiovasculaires, cancers et Alzheimer. Ce chiffre permet à lui seul de comprendre à quel point cette pratique représente ce que j'appelle un droit de vivre, une obligation de bonne santé. C'est comme de se laver les dents tous les jours, ce qui n'est pas forcément passionnant à faire après chaque repas. Pourtant, l'absence de brossage aboutit un jour ou l'autre à la perte des dents qui se déchaussent progressivement. Entretenir ses dents, entretenir son corps, c'est apprendre à l'aimer et à renforcer une bonne image de soi, pour soi-même et pour les autres.

L'autre versant concerne nos particularités, en tant qu'individu. Nous sommes différents les uns des autres, ce qui fait que nos choix dans la vie le sont aussi. Je vous conseille de prendre régulièrement un temps de réflexion pour vous demander à quoi ressemblerait votre vie si vous aviez le pouvoir de tout réaliser. Une vie d'adulte réussie, c'est souvent un rêve d'enfant exaucé. Encore faut-il parvenir à se souvenir de ses rêves d'enfant, apprendre à fouiller dans sa mémoire, dans ses sensations, oser tout se dire, même ce qui paraît totalement interdit par l'éducation ou par le milieu social. La solution n'est pas toujours facile à trouver mais la rechercher, c'est le début de la route vers sa propre liberté. Compte tenu de la difficulté à se remettre en question, la tentation est forte de remettre à demain, à après-demain, bref à jamais. Beaucoup d'adultes fonctionnent toute leur vie avec, en tête, le temps immense de l'enfance, le temps où l'on aura toujours le temps, en repoussant à l'infini ce que l'on devrait faire. Il faut être vigilant car cette stratégie conduit à l'échec à long terme.

Ce livre est une première marche pour ouvrir l'ensemble des possibilités dont vous disposez, afin de développer les pouvoirs extraordinaires de votre cerveau et de votre corps. Pour prévenir, guérir, vivre plus intensément, décupler votre bien-être et tout simplement apprendre à être heureux.

En médecine chinoise, s'il est recommandé aux malades de consulter de grands médecins pour se soigner, il est tout autant conseillé de rencontrer régulièrement un grand maître pour rester en bonne santé. En réalité, ce grand maître est l'individu lui-même. Le maître intérieur en chacun de nous est le générateur d'une parfaite harmonie. Cette démarche est essentielle à l'épanouissement et au bien-être physique et mental. Car nous disposons de pouvoirs exceptionnels que nous n'exploitons pas, ou très peu. De précieux gisements existent au plus profond de l'individu, des ressources puissantes qui ne demandent qu'à s'exprimer et qui pourraient décupler notre énergie tant physique qu'intellectuelle en nous faisant franchir des limites jusqu'alors inatteignables. Nous avons tout le potentiel pour nous autoréparer et nous protéger des agressions extérieures mais aussi pour rajeunir et passer à une vitesse supérieure. Il suffit d'activer certains leviers pour disposer d'un système anti-âge efficace, pour libérer la puissance qui existe en nous et même réussir à vivre plusieurs vies en une seule vie. Les immenses progrès médicaux que nous allons rencontrer dans les années à venir partent tous du même principe : apprendre à se soigner par soi-même. Ce sont nos propres cellules qui deviendront nos médicaments pour prévenir les maladies, guérir ce qui est incurable aujourd'hui, régénérer son corps et défier le temps.

Épilogue

Il existe des animaux qui disposent de pouvoirs exceptionnels. Comme nous, ce sont des organismes vivants avec des cellules qui, chaque jour, perpétuent le miracle de la vie. Ces êtres vivants ne sont pas en acier mais bien comme les humains, composés de tissus fragiles. Et pourtant...

Imaginez-vous vivre 400 ans. C'est le quotidien d'une petite créature du nom d'*Artica islandica*. Une équipe de scientifiques vient de la découvrir au large des côtes islandaises. Elle ressemble à une grosse palourde. Le nombre de stries sur sa coquille permet de dater avec précision son âge. Chaque année, une nouvelle strie apparaît, comme pour les troncs d'arbre. Pour la plus âgée de cette espèce de palourde, 410 stries ont été comptées. Peut-être aurait-elle pu vivre encore plus longtemps, mais le fait de l'avoir extraite des profondeurs marines a provoqué sa mort. Si l'on fait le calcul, ce mollusque est né en 1601, sous le règne de Louis XIII, à une époque où les fonds marins étaient moins pollués qu'aujourd'hui et abritaient une flore et une faune différentes. C'est une aubaine de disposer de ce type d'être vivant car il constitue un véritable marqueur de la vie sous-marine depuis plusieurs siècles.

La longévité d'*Artica islandica* est une énigme. Comment des cellules vivantes peuvent-elles fonctionner si longtemps sans présenter de signes de détérioration biologique ? Tous les êtres vivants sont composés de cellules qui possèdent de nombreuses caractéristiques communes. Elles détiennent un patrimoine génétique situé dans le noyau, des membranes pour les protéger et permettre les échanges, des mécanismes pour produire de l'énergie et éliminer les déchets. Il s'agit de véritables petites usines qui fonctionnent toute l'année, vingt-quatre heures sur vingt-quatre, sans interruption. Quelle est aujourd'hui la durée de vie d'une automobile ? Elle est pourtant faite d'acier et non pas de tissus biologiques fragiles. Combien sont capables de rouler tous les jours, ne serait-ce que durant cinquante ans ? En étudiant les cellules de ce petit animal qui vit plusieurs siècles, nous dispo-sons d'un modèle pour comprendre comment des cellules vivantes peuvent résister au temps et rester en bonne santé.

Une équipe de chercheurs du CHU de Brest a d'ailleurs uti-lisé les cellules cardiaques de la palourde comme modèle pour étudier l'impact des toxiques marins. Elles s'avèrent être un très bon marqueur pour comprendre de nombreux phénomènes biologiques. Le premier point est de se pencher sur la com-position de la palourde. Ceci est d'autant plus facile qu'elle est consommée régulièrement par de nombreux amateurs. Il s'agit d'une excellente source de protéines avec une teneur faible en lipides. Sa composition est faible en acides gras satu-rés et elle contient surtout les fameux oméga-3, bien connus dans la prévention cardiovasculaire. Les oméga-3 ont égale-ment une action qui augmente la fluidité du sang, un peu comme le fait l'aspirine par d'autres mécanismes. La palourde est aussi une source très importante de fer (quatre fois plus qu'une même portion de foie de veau). Le fer aide au transfert de l'oxygène pour les cellules et participe à la formation des globules rouges. Ce fer est d'une bonne biodisponibilité et est très bien absorbé. Avec seulement 100 grammes de palourde, on répond aux besoins quotidiens en fer de l'organisme. Consommer des palourdes permet d'augmenter ses apports en fer de façon naturelle. En dehors du fer, elles contiennent aussi de nombreux minéraux comme le zinc, le phosphore, le cuivre, le manganèse, le sélénium. Le phosphore contenu dans la palourde est utile à la croissance et la régénérescence des tis-sus. Il est également un constituant important des membranes cellulaires. Le zinc intervient entre autres dans la qualité des réponses immunitaires, la cicatrisation des plaies et la synthèse de l'insuline. Le cuivre quant à lui intervient dans la fabrication du collagène, le sélénium dans la prévention des radicaux libres. Mais consommer tous les jours des palourdes comme *Artica islandica* ne permet pas de vivre 400 ans ! C'est dommage, cela nous aurait permis de résoudre la question de l'immortalité d'un coup de fourchette. En revanche, l'étude des mécanismes de protection biologique de la palourde peut nous permettre de comprendre cette exceptionnelle longévité.

Des chercheurs ont eu l'idée de comparer deux types de palourdes : *Artica islandica* et une autre espèce à vie courte comme *Mercenaria mercenaria*. Comme avec le jeu des sept erreurs, il s'agit de trouver les différences qui existent entre les deux malgré leur grande ressemblance extérieure. Les scientifiques explorent jour après jour les systèmes de défenses biologiques qui permettent à *Artica islandica* de défier le temps. Il apparaît une extrême résistance au stress oxydatif réputé pour altérer le fonctionnement cellulaire au fil du temps, la mise en évidence de systèmes performants de réparation cellulaire et d'élimination des radicaux libres. Cette palourde, surnommée Ming par de nombreux chercheurs, n'a pas fini de nous livrer ses secrets. Les sillons de sa coquille indiquent son âge, un peu comme les sillons des disques vinyls anciens et racontent une histoire vieille de quatre siècles.

Artica islandica vit dans des eaux froides et le froid est un facteur connu qui ralentit le vieillissement. Des expérimentations chez la souris ont montré que si l'on abaissait ne serait-ce que de 0,5 degré la température de l'animal, on augmentait de 15 % son espérance de vie. Le froid permet d'économiser le métabolisme. Il semble qu'il soit un élément qui pourrait participer à la longévité. Mais ce n'est qu'une pièce du puzzle qui, s'il est reconstitué, permettra de faire des pas de géant dans la longévité.

Il est évident qu'un humain et une palourde sont extrêmement différents. Pourtant, tous les deux sont des êtres biologiques vivants et fragiles qui comportent au niveau de leurs cellules biologiques les mêmes principes fondamentaux de la vie. Les cellules fonctionnent sans interruption permettant à la vie d'exister. Les cellules si fragiles de ce petit animal sont capables de résister sous l'eau marine salée quatre cent ans, mieux que la coque en fer d'un bateau échoué dans les fonds marins pendant une même période. Pour atteindre des durées de vie de quatre siècles, il faudra en percer le secret.

Rana sylvatica est une mystérieuse grenouille qui vit dans le nord du Canada et qui est va bientôt être à l'origine de progrès considérables dans le domaine scientifique. Cette grenouille dispose d'un pouvoir incroyable : celui de la résurrection. *Rana sylvatica* vit dans des contrées froides. Lorsque la température ambiante descend à – 7 degrés, elle entre en congélation et se cryogénise entièrement. Une fois congelée, elle meurt. Le cœur est en arrêt et le cerveau présente un électroencéphalogramme plat définitif signant le décès. Tous les critères pour caractériser la mort de la grenouille sont ainsi réunis. Ce sont d'ailleurs les mêmes critères qui sont utilisés chez l'homme pour fournir l'acte de décès avant l'inhumation. Ce que les chercheurs avaient observé dans la nature, ils l'ont reproduit en laboratoire. Ils ont congelé les grenouilles. La grenouille morte dans son bloc de glace peut rester ainsi des semaines dans cet état. Mais quand, à un moment donné, on remonte la température progressivement pour la ramener à la chaleur ambiante, un fait surprenant se produit : elle revit. Spontanément, son cœur se remet à battre régulièrement et son cerveau fonctionne comme si rien ne s'était passé, avec une mémoire intacte. Nul besoin d'électrochocs pour relancer la machine, aucune injection particulière, pas de mise sous oxygène. Alors comment fait-elle ?

En fait, les chercheurs canadiens avaient observé qu'au moment des grands froids, la grenouille s'enterrait spontanément sous la terre glacée pour passer l'hiver en attendant des temps meilleurs. Au printemps, elle repartait tout à fait normalement. Ces grenouilles très particulières ont été placées en laboratoire pour étudier ces incroyables phénomènes de résurrection. Les chercheurs n'ont pas tardé à trouver une première clé. Jusqu'à présent, les essais pour conserver un organisme vivant entier se sont toujours heurtés au même problème lors de la cryoconservation. Avec le froid, des spicules de glace se forment et détruisent toutes les cellules en les transformant en une sorte de bouillie. C'est pourquoi les essais de cryoconservation chez l'animal ou chez l'homme n'ont jamais permis de les ramener à la vie. Mais cette grenouille des bois a trouvé la parade. Elle fabrique son propre antigel qui protège parfaitement ses cellules de la destruction par les spicules de glace. Cet antigel est d'ailleurs d'une incroyable simplicité dans sa composition : il s'agit d'une sorte de sucre. Ainsi, quand la température descend en dessous de zéro, le foie de la grenouille sécrète des quantités impressionnantes de glycogène qui fonctionne comme un antigel protecteur et efficace.

Cet antigel se répand dans tous ses organes, son cerveau, ses artères et va les protéger contre les dégâts occasionnés par la congélation. La grenouille dispose ainsi d'une arme extrêmement puissante pour éviter les effets destructeurs de la congélation. Parallèlement, d'autres recherches scientifiques sont arrivées à cette même conclusion que l'utilisation d'un antigel biologique était essentielle pour assurer une cryoconservation efficace. L'injection de substances composées entre autres de dérivés du sucre permettent de préserver les cellules et les organes. Les recherches ont montré que d'autres substances pouvaient également intervenir pour rendre cette congélation encore plus performante. En effet, la congélation de tissus vivants doit répondre à plusieurs critères pour être efficace. Il faut veiller à ce que le volume des cellules ne soit pas écrasé par la congélation (en jouant sur l'osmolalité des cellules), veiller à ce que des cristaux ne se forment pas pour détruire les cellules et tout faire pour éviter les périodes de manque d'oxygène qui endommagerait gravement les tissus.

C'est à nouveau en étudiant cette fameuse grenouille que les scientifiques ont constaté qu'elle produisait plus d'urée et d'autres substances comme la proline ainsi qu'un type spécifique de sucre, le tréhalose. Pour percer encore mieux le mystère de *Rana sylvatica*, le Pr Lee aux États-Unis a découvert que cette espèce de grenouille était porteuse d'une bactérie très étrange : *Pseudomonas putida*. En injectant cette bactérie à une autre espèce de grenouille qui elle n'était pas tolérante à la congélation, il a découvert qu'elle aussi devenait résistante à la congélation.

La recherche s'accélère donc pour comprendre comment un organisme entier peut résister ainsi à la congélation et revenir à la vie sans aucune lésion ni du corps ni du cerveau. Tous les paramètres sont étudiés, des antigels aux bactéries en passant par le temps nécessaire pour descendre de la température ambiante à la congélation. En effet, la rapidité de congélation apparaît comme un facteur très important du succès de l'opération. Ces recherches sont fondamentales car elles ouvrent des voies nouvelles dans la conservation des organes en attente de transplantation. Aujourd'hui, il existe un décalage entre le nombre de demandeurs de greffe et le nombre de donneurs.

La possibilité de garder les organes plus longtemps dans des banques de cryoconservation (comme cela existe déjà pour la peau qui peut se conserver plus de dix ans) permettrait de pallier cette carence. Déjà, les banques biologiques existantes montrent à quel point ce sujet est crucial. Aujourd'hui, on sait parfaitement conserver des embryons pour de futures implantations, des spermatozoïdes, des ovocytes, des cellules souches… Il faut souligner dans un autre domaine les travaux de scientifiques au Japon qui ont réussi à cloner une souris restée seize ans dans un congélateur. Comme quoi, le viel adage qui dit que le froid conserve semble vérifié.

Dans ce contexte, il est intéressant de citer l'expérience américaine du zoo congelé de San Diego. Les chercheurs américains ont eu l'idée de participer à la préservation du patrimoine biologique de l'humanité, et en particulier des espèces risquant de se trouver en voie de disparition. Pour cela, ils ont pris la décision de conserver par cryoconservation le sperme, les ovocytes et certains tissus de plus de 8 400 animaux appartenant à 800 espèces différentes. C'est une sorte d'arche de Noé des temps modernes, qui répertorie l'ensemble des éléments techniques propre à chaque espèce, de son mode de vie à son ADN. Tous les animaux cohabitent : des ours polaires, des rhinocéros, des oiseaux, des gorilles et des lions. Tous les moyens sont ainsi réunis pour pouvoir un jour, avec les progrès de la science, ressusciter les espèces disparues. Le zoo étant implanté dans une zone à risque sismique important, les responsables ont pris la précaution de doubler tous les échantillons pour les stocker dans une autre zone comportant moins de risques.

Il y a quelques années, la brebis Dolly a montré que les limites de l'impossible étaient déjà franchies. En revanche, les prélèvement effectués sur des mammouths mal conservés depuis 10 000 ans n'ont rien donné. Il est essentiel que la cryoconservation se fasse dans des conditions d'une technologie irréprochable pour que le résultat soit un succès. Le simple exemple de la conservation des spermatozoïdes et des ovocytes montre clairement qu'il faut des critères de prélèvement et de conservation exemplaires pour ne pas entraver la réussite de l'opération. Il est évident que la voie de la conservation des cellules, tissus, organes et organismes humains est maintenant clairement ouverte pour le futur et que ces recherches vont bousculer tous les dogmes et les fondements culturels et sociaux dans l'avenir.

La grenouille est connue depuis l'Antiquité comme un symbole de la résurrection. Déjà, les Grecs lui accordaient une symbolique de fécondité et de créativité. Clovis portait son effigie sur son étendard et elle représentait la démarche spirituelle vers la perfection, la résurrection et l'immortalité. Un premier signal envoyé depuis la nuit des temps par ce curieux batracien, qui a déjà découvert l'une des clés de l'immortalité. La grenouille des bois canadienne symbolise parfaitement les progrès colossaux que nous allons rencontrer dans les années à venir dans le domaine de la conservation du vivant par cryoconservation. Ce domaine a longtemps été délaissé par la recherche du fait qu'il semblait impossible de ramener un organisme entier à la vie, surtout avec son cerveau et sa mémoire intacts. *Rana sylvatica* démontre clairement que l'impossible, l'impensable devient possible. Les premiers essais de cryoconservation des organismes humains entiers après leur mort aux États-Unis n'ont jamais rien donné et ne donneront d'ailleurs jamais rien. Les corps étaient mis en conservation bien trop tard et sans tenir compte des antigels biologiques. Mais *Rana sylvatica* nous laisse penser que nous pourrons imaginer, dans un futur proche, des humains suspendus dans le temps. Deux cents ans plus tard, ces humains reviendront peut-être à la vie grâce à de nouveaux traitements pour guérir la maladie dont ils ont été victimes. Les recherches se poursuivent actuellement.

Les limites entre la vie et la mort et maintenant entre la mort et la vie sont franchies chaque jour davantage. En 2012, une équipe de chercheurs de l'Institut Pasteur à Paris a mis en évidence un phénomène troublant. Les scientifiques ont étudié seize cadavres, dont le plus âgé avait 95 ans. Dix-sept jours après le décès, ils ont récupéré dans les muscles des cellules souches et les ont mises en culture. À la surprise des médecins, elles se sont multipiées et différenciées en cellules musculaires. Il est absolument incroyable que des cellules puissent repartir après une si longue période. Il faut imaginer un seul instant ce que deviennent les tissus d'un cadavre après dix-sept jours : un état de putréfaction, un milieu hostile infecté avec une sorte de bouillie de cellules. Au milieu de ce magma, survivent des cellules clés comme ces cellules souches qui ont la capacité de reconstruire n'importe quel organe. On commence à comprendre comment ces cellules réalisent le tour de force de rester en vie au milieu d'un organisme mort en état de décomposition. En fait, elles se mettent littéralement en veilleuse comme pour économiser au maximum leur énergie. Pour cela, elles réduisent l'activité de leurs mitochondries, qui sont des cellules agissant comme de véritables usines d'énergie. Le manque d'oxygène semble même bien leur réussir car les cellules souches musculaires en état de privation d'oxygène résistent mieux que celles soumises au milieu ambiant. En fait, ces cellules résolvent plusieurs équations : elles s'adaptent parfaitement à un milieu épouvantable au niveau biologique tout en gardant pleinement tout leur potentiel biologique. Il est vraiment surprenant que des cellules vivantes puissent renaître d'un cadavre de plus de quinze jours. Cela ouvre d'immenses perspectives dont une source éthique de cellules souches que l'on n'avait jamais imaginée.

En pratique, pour résister à une agression d'une extrême violence comme la mort, les cellules inventent une stratégie innovante. Elles doivent faire face à un assaut d'enzymes destructrices, de virus, de bactéries dévastatrices et à un manque cruel d'oxygène. Pour cela, elles se mettent en état de jeûne énergétique, réduisant au maximum la quantité d'énergie utilisée, quitte à fermer la majorité de leurs centrales énergétiques représentées par les mitochondries. De cette façon, elles supportent la baisse drastique de l'oxygène et les agressions chimiques et micro-biologiques. Elles font de la gestion de crise à leur façon, en coupant net toutes les dépenses énergétiques, et en ne se concentrant que sur leur survie. Nous sommes aujourd'hui au tout début de l'étude de ce phénomène qui aurait été identifié comme surnaturel il y a seulement quelques années. Voilà la voie de la résurrection ouverte par le biais de ce jeûne éner-gétique qui permet aux cellules de franchir une ligne qui sem-blait infranchissable.

L'immunothérapie représente le symbole d'une médecine nouvelle, naturelle, qui rétablit les équilibres physiologiques perturbés. Elle conduit à repenser complètement les fondamen-taux de la médecine et à utiliser ses propres ressources pour se soigner. Certes, cette nouvelle voie de traitement ultraper-sonnalisé est difficile à proposer au plus grand nombre. Nous pressentions déjà cette perspective avec l'arrivée de la recherche sur les cellules souches. Elles représentent le socle de la médecine régénérative qui permettra demain de recréer en laboratoire, à partir d'une cellule souche prélevée chez une personne, l'organe de remplacement dont elle aura besoin. Ces pièces détachées pourront être fabriquées à la demande ou mises en stock en cas de besoin.

Le coût de ces recherches est un obstacle très important. Un adolescent africain peut aujourd'hui encore mourir d'une simple infection, faute de ne pouvoir payer 10 euros pour les antibiotiques. Nous vivons malheureusement avec, parce que c'est loin de nous ; mais demain, ces inégalités existeront dans notre propre pays. Les autorités interdiront de pratiquer cette nouvelle médecine, comme elles interdisent aujourd'hui de pra-tiquer le test de paternité en France. Certains enfreignent la loi et envoient par la poste la salive du père et de l'enfant en

Allemagne ou en Grande-Bretagne pour avoir le résultat par retour du courrier. Quand l'avortement était interdit en France, les jeunes femmes traversaient la Manche pour avorter. La santé n'a pas de frontière, et ce qui est interdit d'un côté des Pyrénées peut être autorisé de l'autre. En dehors des dictatures, les citoyens sont libres de leurs mouvements et de leurs choix. L'exemple récent des banques de cordons ombilicaux est particulièrement éloquent.

En France, la conservation personnalisée du cordon ombilical est interdite. Il faut noter que le cordon est très riche en cellules souches et il est possible que, dans le futur, ces cellules représentent un outil précieux en cas de problème de santé. Nous ne sommes encore qu'au stade de la recherche mais pourquoi priver son enfant d'une éventuelle chance pour son avenir. C'est tellement simple de conserver un cordon dans de l'azote liquide, qui pourra peut-être un jour sauver des vies, en devenant source de cellules de remplacement. Encore une fois, il suffit de franchir une frontière en Europe pour trouver un pays dont la législation autorise ce choix. Les cellules souches que nous avons en nous seront demain notre meilleur médicament pour faire face aux maladies que nous ne savons pas encore soigner. Elles sont les meilleurs médicaments, cachées au plus profond de notre organisme et ne demandant qu'à être activées pour nous sauver.

« On met longtemps à devenir jeune. »

PABLO PICASSO

Bibliographie

CHAPITRE 1. GUÉRIR DE L'EXCÈS DE POIDS

Aldemir M., Okulu E., Neselioglu S. *et al.*, « Pistachio diet improves erectile function parameters ans serum lipid profiles in patients with erectile dysfunction », *Int. J. Impot. Res.* 23 (1), janv.-févr. 2011, p. 32-8.

Al-Dujaili E., Smail N., « Pomegranate juice intake enhances salivary testosterone levels and improves mood and well being in healthy men and women », *Endocrine Abstracts* 28, 2012, p. 313.

Golomb A. B., Koperski S., White Halbert L., « Association between more Frequent Chocolate consumption and Lower Body Mass index », *Research Letters*, vol. 172, n° 6, 26 mars 2012.

Dreher M. L., « Pistachio nits : composition and potential health benefits », *Nutr. Rev.* 70 (4), p. 234-240.

Freedman N. D., Park Y., Abnet C. C. *et al.*, « Association of coffee drinking with total and cause-specific mortality », *N. Engl. J. Med.* 366 (20), 17 mai 2012, p. 1891-1904.

Galgani J. E., Ravussin E., « Effect of dihydrocapsiate on resting metabolic rate in humans », *Am. J. Clin. Nutr.* 95 (5), nov. 2010, p. 1089-1093.

Galgut J. M., Ali S. A., « Effect and mechanism of action of resveratrol : a novel melanolytic compound from the peanut skin of arachis hypogaea », *J. Recept. Signal. Transduct. Res.* 31 (5), oct. 2011, p. 374-380.

Gebauer S. K., West S. G., Kay C. D. *et al.*, « Effects of pistachios on cardiovascular disease risk factors and potential mechanisms of action . a dose-response study », *Am. J. Clin. Nutr.* 99 (3), sept. 2008, p. 651-659.

Jakubowicz D., Froy O., Wainstein J., Boaz M., « Meal timing and composition influence ghrelin levels, appetite scores and weight loss maintenance in overweight and obese adults », *Steroids* 77 (4), 10 mars 2012, p. 323-331.

Jeyaraj D., Haldar S. M., Wan X. *et al.*, « Circadian rhythms govern cardiac repolarization and arrhythmogenesis », *Nature* 483 (7387), 22 févr. 2012, p. 96-99.

Jeyaraj D., Scheer F. A., Ripperger J. A. *et al.*, « Klf15 orchestrates circadian nitrogen homeostasis », *Cell Metab.* 15 (3), mars 2012, p. 311-326.

Kim K. J., Lee M. S., Jo K., Hwang J. K., « Piperidine alkaloids from Piper retrofractum Vahl. Protect against high-fat diet-induced obesity by regulating lipid metabolism and activating AMP-activated protein kinase », *Biochem. Biophys. Res. Commun.* 411 (1), 22 juillet 2011, p. 219-225.

Kris-Etherton P. M., Hu F. B., Ros E., Sabaté J., « The role of tree nuts and peanuts in the prevention of coronary heart disease : multiple potential mechanisms », *J. Nutr.* 138 (9), sept. 2008, p. 1746S-1751S.

Lee T. A., Li Z., Zerlin A., Heber D., « Effects of dihydrocapsiate on adaptive and diet-induced thermogenesis with a high protein very low calorie diet : a randomized control trial », *Nutr. Metab.* 7 (78) (Londres), 6 oct. 2010.

Liu Y., Yadev V. R., Aggarwal B. B., Nair M. G., « Inhibitory effects of black pepper (*Piper nigrum*) extracts and compounds on human tumor cell proliferation, cyclooxygenase enzymes, lipid peroxidation and nuclear transcription factor-kappa-B », *Nat. Prod. Commun.* 5 (8), août 2010, p. 1253-1257.

Massolt E. T., Van Haard P. M., Rehfeld J. F. *et al.*, « Appetite suppression through smelling of dark chocolate corrdaltes with changes in ghrelin in young women », *Regul. Pept.* 161 (1-3), 9 avril 2010, p. 81-86.

Park U. H., Jeong H. S., Jo E. Y. *et al.*, « Piperine, a component of black pepper, inhibits adipogenesis by antagonizing PPARy activity in 3T3-L1 cells », *J. Agric. Food. Chem.* 60 (15), 18 avril 2012, p. 3853-3860.

Turski M. P., Kamiñski P., Zgrajka W. *et al.*, « Potato- an important source of nutritional kynurenic acid », *Plant. Foods. Hum. Nutr.* 67 (1), mars 2012, p. 17-23.

Yoshioka M., Lim K., Kikuzato S. *et al.*, « Effects of red-pepper diet on the energy metabolism in men », *J. Nutr. Sci. Vitaminol.* 41 (6) (Tokyo), déc. 1995, p. 647-656.

Yoshioka M., St-Pierre S., Suzuki M., Tremblay A., « Effects of red-pepper added to high-fat and high-carbohydrate meals on energy metabolism and substrate utilization in Japanese women », *Br. J. Nutr.* 80 (6), déc. 1998, p. 503-510.

CHAPITRE 2. DYNAMISER SON ORGANISME

Albu J. B., Heilbronn L. K., Kelley D. R., Look AHEAD Adipose Research Group *et al.*, « Metabolic changes following a 1-year diet and exercise intervention in patients with type 2 diabetes », *Diabetes* 59 (3), mars 2010, p. 627-633.

Aldemir M. *et al.*, « Pistachio diet improves erectile function parameters and serum lipid profiles in patients with erectile dysfunction », *Int. J. Impot. Res.* 23 (1), janv.-févr. 2011, p. 32-38.

Barrès R., Yan J., Egan B. *et al.*, « Acute exercise remodels promoter methylation in human skeletal muscle », *Cell Metab.* 15 (3), 7 mars 2012, p. 405-411.

Benziane B., Björnholm M., Pirkmajer S. *et al.*, « Activation of AMP-activated protein kinase stimulates Na+, K+-ATPase activity in skeletal muscle cells », *J. Biol. chem.* 287 (28), 6 juil. 2012, p. 23451-23463.

Bonorden M. J., Rogozina O. P., Kluczny C. M. *et al.*, « Intermittent calorie restriction delays prostate tumor detection and increases survival time in TRAMP mice », *Nutr. Cancer.* 61 (2), 2009, p. 265-275.

Canto C., Jiang L. Q., Deshumukh A. S. *et al.*, « Interdependence of AMPK and SIRT1 for metabolic adaptation to fasting and exercise in skeletal muscle », *Cell Metab.* 11 (3), 3 mars 2010, p. 213-219.

Cleary M. P., Grossmann M. E., « The manner in which calories are restricted impacts mammary tumor cancer prevention », *J. Carcinog.* 10, 2011, p. 21.

DECODE Study Group., « Glucose tolerance and cardiovascular mortality – Comparison of fasting and 2-hour diagnostic criteria », *Arch. Intern. Med.* 161 (3), 2011, p. 397-405.

Egan B., Carson B. P., Garcia-Roves P. M. *et al.*, « Exercise intensity-dependent regulation of peroxisome proliferator-activated receptor coactivator-1 mRNA abundance is associated with differential activation of upstream signalling kinase in human skeletal muscle », *J. Physiol.* 588 (Pt 10), 15 mai 2010, p. 1779-1790.

Fusco S., Ripoli C., Podda M. V. *et al.*, « A role for neuronal cAMP responsive-element binding 'CREB)-1 in brain responses to calorierestriction », *Proc. Natl. Acad. Sci.* 109 (2) (USA), janv. 2012, p. 621-626.

Ganzer C., Zauderer C., « Promoting a brain-healthy lifestyle », *Nurs. Older People* 23 (7), sept. 2011, p. 24-27.

Hallberg O., Johansson O., « Sleep on the right side-Get cancer on the left ? », *Pathophysiology* 17(3), juin 2010, p. 157-160.

Hara M. R., Kovacs J. J., Whalen E. J. *et al.*, « A stress response pathway regulates DNA damage through β2-adrenoreceptors and β-arrestin-1 », Nature 477 (7364), 21 août 2011, p. 349-353.

Harvie M. N., Pegington M., Mattson M. P. *et al.*, « The effects of intermittent or continuous energy restriction on weight loss and metabolic disease risk markers : a randomized trial in young overweight women », *Int. J. Obes.* 35 (5) (Londres), mai 2011, p. 714-727.

Heilbronn L. K., Civitarese A. E., Bogacka I. *et al.*, « Glucose tolerance and skeletal muscle gene expression in response to alternate day fasting », *Obes. Res.* 13 (3), mars 2004, p. 574-581.

Heilbronn L. K., De Jonge J., Frisard M. I., Pennington CALERIE Team *et al.*, « Effect of 6-month calorie restriction on biomarkers of longevity, metabolic adaptation, and oxidative stress in overweight individuals : a randomized controlled trial », *JAMA* 295 (13), 5 avril 2006, p. 1539-1548.

Heilbronn L. K., Smith S. R., Martin C. K. *et al.*, « Alternate-day fasting in nonobese subjects : effects on body weight, body composition, and energy metabolism », *Am. J. Clin. Nutr.* 81 (1), janv. 2005, p. 69-73.

Heydari A. R., Unnikrishnan A., Lucente L. V., Richardson A., « Caloric restriction and genomic stability », *Nucleic Acids Res.* 35 (22), 2007, p. 7485-7496.

Ho A. J., Raji C. A., Backer J. T. *et al.*, « The effect of physical activity, education, and body mass index on the aging brain », *Hum. Brain. Mapp.* 32 (9), sept. 2011, p. 1371-1382.

Johnson J. B. *et al.*, « Pretreatment with alternate day modified fast will permit higher dose and frequency of cancer chemotherapy and better cure rates », *Med. Hypotheses* 72 (4), avril 2009, p. 381-382.

Karbowska J., Kochan Z., « Intermittent fasting up-regulates Fsp27/Cidec gene expression in white adipose tissue », Nutrition 28 (3), mars 2011, p. 295-299.

Katare R. G., Kakinuma Y., Arikawa M. *et al.*, « Chronic intermittent fasting improves the survival following large myocardial ischemia by activation of BDNF/VEGF/PI3K signaling pathway », *J. Mol. Cell Cardiol.* 46 (3), mars 2009, p. 405-412.

Katzmarzyl P. T., Lee I. M., « Sedentary behaviour and life expectancy in the USA : a cause-deleted life table analysis », *BMJ Open.* 2 (4), 9 juil. 2012.

Langdon K. D., Corbett D., « Improved Working Memory Following Novel Combinations of Physical and Cognitive Activity », *Neurorehabil. Neural. Repair.*, 9 déc. 2011.

Larsen, J. J. S *et al.*, « The effect of intense exercise on postprandial glucose homeostasis in Type II diabetic patients », *Diabetologia* 42 (11), 1999, p. 1282-1292.

Larsen, J. J S *et al.*, « The effect of moderate exercise on postprandial glucose homeostasis in NIDDM patients », *Diabetologia* 40 (4), 1997, p. 447-453.

Man D. W., Tsang W. W., Hui-Chan C. X., « Do older t'ai chi practitioners have better attention and memory function ? », *J. Altern. Complement. Med.* 16 (12), déc. 2010, p. 1259-1264.

Meyer P., Kayser B., Kossovsky M. P. *et al.*, « Stairs instead of elevators at workplace : cardioprotective effects of a pragmatic intervention », *Eur. J. Cardiovasc. Prev. Rehabil.* 17 (5), oct. 2010, p. 569-575.

Morris J. N., Heady J. A., Raffle P. A. B. *et al.*, « Coronary heart-disease and physical activity of work », *The Lancet*, vol. 262, n° 6795, nov. 1953, p. 1053-1057.

Netz Y., Dwolatzky T., Zinker Y. *et al.*, « Aerobic fitness and multidomain cognitive function in advanced age », *Int. Psychogeriatr.* 23 (1), févr. 2011, p. 114-124.

Raffaghello L., Safdie F., Bianchi G. *et al.*, « Fasting and differential chemotherapy protection in patients », *Cell Cycle* 9 (22), 15 nov. 2010, p. 4474-4476.

Safdie F. M., Dorff T., Quinn D. *et al.*, « Fasting and cancer treatment in humans : A case series report », *Cell Cycle* 9 (22), 15 nov. 2010, p. 4474-4476.

Singh R., Lakhanpal D., Kumar S. *et al.*, « Late-onset intermittent fasting dietary restriction as a potential intervention to retard age-associated brain function impairments in male rats », *Age (Dordr)* 34 (4), août 2012, p. 917-933.

Tajes M., Gutierrez-Cuesta J., Folch J. *et al.*, « Neuroprotective role of intermittent fasting in senescence-accelerated mice P8 (SAMP8) », *Exp. Gerontol.* 45 (9), sept. 2010, p. 702-710.

Takaishi T *et al.*, « A short bout of stair climbing-descending exercise attenuates postprandial hyperglycemia in middle-aged males with impaired glucose tolerance », *Appl. Physiol. Nutr. Metab.*, 23 déc. 2011.

Timmers S., Konings E., Bilet L. *et al.*, « Calorie restriction-like effects of 30 days of resveratrol supplementation on energy metabolism and metabolic profile in obese humans », *Cell Metab.* 14 (5), 2 nov. 2011, p. 612-622.

Varady K.A. *et al.*, « Intermittent versus daily calorie restriction : which diet regimen is more effective for weight loss ? », *Obes. Rev.* 12 (7), juil. 2011, p. 593-601.

Wan R., Ahmet I., Brown M. *et al.*, « Cardioprotective effect of intermittent fasting is associated with an elevation of adiponectin levels in rats », *J. Nutr. Biochem.* 21 (5), mai 2010, p. 413-417.

Zhao K. Q., Cowan A. T., Lee R. J. *et al.*, « Molecular modulation of airway epithelial ciliary response to sneezing », *FASEB J.* 26 (8), août 2012, p. 3178-3187.

Bibliographie

CHAPITRE 3. AMÉLIORER SON SOMMEIL

Abel E. L., Hendrix S. L., McNeeley G. S. *et al.*, « Use of electric blankets and association with prevalence of endometrial cancer », *Eur. J. Cancer. Prev.* 16 (3), juin 2007, 243-250.

Gregosky M. J., Vertegel A., Shaporev A., Treifer F. A., « Tension Tamer : delivering meditation with objective heart rate acquisition for adherence monitoring using a smart phone platform », *J. Altern. Complement Med.* 19 (1), janv. 2013, p. 17-19.

Halsey L. G., Huber J. W., Low T. *et al.*, « Does consuming breakfast influence activity levels ? An experiment into the effect of breakfast consumption on eating habits and energy expenditure », *Public Health Nutr.* 15 (2), févr. 2012, p. 238-245.

Josic J., Olsson A. T., Wickeberg J. *et al.*, « Does green tea affect postprandial glucose, insulin and satiety in healthy subjects : a randomized controlled trial », *Nutr. J.* 9, 30 nov. 2010, p. 63.

Rao S. S., Kavlock R., Rao S., « Influence of body position and stool characteristics on defecation in humans », *Am. J. Gastroenterol.* 101 (12), déc. 2006, p. 2790-2796.

Roehrs T. A., Randall S., Harris E. *et al.*, « MSLT in primary insomnia : stability and relation to nocturnal sleep », *Sleep* 34 (12), 1er déc. 2011, p. 1647-1652.

Sikirov D., « Comparison of strainig during defecation in three positions : results and implications for human health », *Dig. Dis. Sci.* 48 (7), 2003, p. 1201-1205.

CHAPITRE 4. SE DÉBARRASSER DES TRACAS QUOTIDIENS : PROBLÈMES DE TRANSIT, ALLERGIES...

Bilhult A., Lindholm C., Gunnarsson R., Stener-Vicorin E. « The effect of massage on cellular immunity, endocrine and psychological factors in women with breast cancer – a randomized controlled clinical trial », *Auton Neurosci.* 140 (1-2), juin 2008, p. 88-95.

Boyle T., Fritschi L., Heyworth J., Bull F., « Long-term sedentary work and the risk of subsite-specific colorectal cancer, *Amer. J. Epidemiol.* 173 (10), 15 mai 2011, p. 1183-1191.

Cady S. H., Jones G. E. « Massage therapy as a workplace intervention for reduction of stress », *Percept. Mot. Skills.* 84 (1), févr. 1997, p. 157-158.

Clark C. E., Taylor R. S., Shore A. C., Campbell J. L., « The difference in blood pressure readings between arms and survival : primary care cohort study », *BMJ* 344, 20 mars 2012, p. 1327.

Clark C. E., Taylor R. S., Shore A. C. *et al.*, « Association of a difference in systolic blood pressure between arms with vascular disease and mortality : a systematic review and meta-analysis », *The Lancet* 379 (9819), 10 mars 2012, p. 905-914. *Epub.*, 30 janv. 2012.

Cooper R., Kuh D., Hardy R., « Mortality Review Group and FALCon and HALCyon Study Teams. Objectivity measured physical capability levels and mortality : systematic review and meta-analysis », *BMJ* 341, 9 sept. 2010, p. 4467.

Ever-Hadani P., Seidman D. *et al.*, « Breast feeding in Israel : maternal factors associated with choice and duration », *J. of Epidemiol. And Community Helath* 48, 1994, p. 281-285.

Green J., Cairns B. J., Casabonne D., Million Women Study Collaborators *et al.*, « Height and cancer incidence in the Million Women Study : prospective cohort, and meta-analysis of prospective studies of height and total cancer risk », *Lancet Oncol.* 12 (8), août 2011, p. 785-794

Grewen K. M., Girdler S. S., Amico J., Light K. C., « Effects of partner support on resting oxytocin, cortisol, neuropinephrine, and blood pressure before and after warm partner contact », *Psychosom. Med.* 67 (4), juil.-août 2005, p. 531-538.

Katzmarzyk P. T., Church T. S., Craig C. L., Bouchard C., « Sitting time and mortality from all causes, cardiovascular disease, and cancer », *Med. Sci. Sports Exerc.* 41 (5), mai 2009, p. 998-1005.

Lerro C. C., McGlynn K. A., Cook M. B., « A systematic review and meta-analysis of the relationship between body size and testicular cancer », *Br J. Cancer.* 103 (9), 26 oct. 2010, p. 1467-1474.

Lin H. H., Tsai P. S., Fang S. C., Liu J. F., « Effect of kiwifruit consumption on sleep quality in adults with sleep problems », *Asia Pac. J. Clin. Nutr.* 20 (2), 2011, p. 169-174.

Löberbauer-Purer E., Meyer N. L., Ring-Dimitriou S. *et al.*, « Can alternating lower body negative and positive pressure during exercise alter regional body fat distribution or skin appearance ? », *Eur. J. Appl. Physiol.* 112 (5), mai 2012, p. 1861-1871.

Muller D. C., Giles G. G., Manning J. T. *et al.*, « Second to fourth digit ratio (2D : 4D) and prostate cancer risk in the Melbourne Collaborative Cohort Study », *Br. J. Cancer.* 105 (3), 26 juil. 2011, p. 438-440.

Waser M., Von Mutius E., Riedler J. *et al.*, « Exposition aux animaux domestiques et leur association avec le rhume des foins, l'asthme et la sensibilisation atopique chez des enfants en milieu rural », *Allergy* 60 (2), p. 177-184.

Wiesner J., Vilcinskas A., « Antimicrobial peptides : the ancient arm of the human immune system », *Virulence* 1 (5), sept.-oct. 2010, p. 440-464.

Wu M., Liu A. M. *et al.*, « Green tea drinking, high tea temperature and esophageal cancer in high- and low-risk areas of Jiangsu Province, China : A population-based case-control study », *Int. J. Cancer.*, 6 nov. 2008.

Zhao K. Q., Cowan A. T., Lee R. J. *et al.*, « Molecular modulation of airway epithelial ciliary response to sneezing », *Faseb J.* 26 (8), août 2012, p. 3178-3187.

CHAPITRE 5. LUTTER CONTRE LES MALADIES INFECTIEUSES
ET PROTÉGER SES ENFANTS

Amedei A., Codolo G., Del Prete G. *et al.*, « The effect of helico-bacter pylori on asthma and allergy », *J. Asthma. Allergy*, 3, 29 sept. 2010, p. 139-147.

Arnold I. C., Dehzad N., Reuter S. *et al.*, « Helicobacter pylori infection prevents allergic asthma in mouse models through the induction of regulatory T-cells, *J. Clin. Invest.* 121 (8), 1er août 2011, p. 3088-3093.

Au G. G., Beagley L. G., Haley E. S. *et al.*, *Oncolysis of malignant human melanoma tumors by Coxsackieviruses A13, A15 and A18*, The Picornaviral Research Unit, The School of Biomedical Sciences and Pharmacy, Faculty of Health, The University of Newcastle (Australia).

Bjornerem A. *et al.*, « Breastfeeding protects against hip fracture in postmenopausal women : the tromso study », *JBMR* 26 (12), 2011, p. 2843-2850.

D'Elios M. M., De Bernard M., « To treat or not to treat Helicobacter pylori to benefit asthma patients », *Expert. Rev. Respir. Med.* 4 (2), avril 2010, p. 147-150.

D'Elios M. M., Codolo G., Amadei A. *et al.*, « Helicobacter pylori, asthma and allergy », *FEMS Immunol. Med. Microbiol.* 56 (1), juin 2009, p. 1-8.

Ege M. J., Mayer M., Normand A. C., GABRIELA Transregio 22 Study Group *et al.*, « Exposure to environmental microorganisms and childhood asthma », *N. Engl. J. Med.* 364 (8), 24 févr. 2011, p. 701-709.

Lee S. W., Schwarz N. « Dirty hands and dirty mouths : embodiment of the moral-purity metaphor is specific to the motor modality involved in moral transgression », *Psychol Sci.* 21 (10), oct. 2010, p. 1423-1425.

CHAPITRE 6. CONNAÎTRE LES GESTES QUI SAUVENT
ET QUI SOIGNENT

Bhavsar A. S., Bhavsar S. G., Jain S. M., « A review on recent advances in dry eye : Pathogenesis and management », *Oman. J. Ophtalmol.* 4 (2), mai 2011, p. 50-56.

Blyton F., Chuter V., Burns J., « Unknotting night-time muscle cramp : a survey of patient experience, help-seeking behaviour and perceived treatment effectiveness », *J. Foot. Ankle. Res* 5 (7), 15 mars 2012.

Chang F. Y., Lu C. L., « Hiccup : mystery, nature and treatment », *J. Neurogastroenterol. Motil.* 18 (2), avril 2012, p. 123-130.

Iwami T., Kitamura T., Kawamura T. *et al.*, « Chest compression-only cardiopulmonary resuscitation for out-of-hospital cardiac arrest with public-access defibrillation : a nationwide cohort study », *Circulation* 126 (24), déc. 2012, p. 2844-2851.

Krueger W. W., « Controlling motion sickness and spatial disorientation and enhancing vestibular rehabilitation with a user-worn see-through display », *Laryngoscope* 121 (suppl. 2), p. S17-35.

Mathers M. J., Sommer F., Degener S. *et al.*, « Premature ejaculation in urological routine practice », *Aktuelle Urol.* 44 (1), janv. 2013, p. 33-39.

Odeh M., Oliven A., « Hiccups and digital rectal massage », *Arch. Otolaryngol. Head Neck Surg.* 119 (12), déc. 1993, p. 1383.

Odeh M., Bassan H., Oliven A., « Termination of intractable hiccups with digital rectal massage », *J. Intern. Med.* 227 (2), p. 145-146.

Piagkou M., Demesticha T., Troupis T. *et al.*, « The pterygopalatine ganglion and its role in various pain syndromes : from anatomy to clinical practice », *Pain Pract.* 12 (5), juin 2012, p. 399-412.

Smith M. L., Beightol L. A., Fritsch-Yelle J. M. *et al.*, « Valsava's maneuver revisited : a quantitative method yielding insights into human autonomic control », *Am. J. Physiol.* 271 (3 Pt 2), sept. 1996, p. H1240-1249.

Sorbara C., « The new guidelines on cardiopulmonary resuscitation. The anesthesiologist's point of view », *G. Ital. Cardiol.* 13 (11), nov. 2012, p. 756-53.

Viehweg T. L., Roberson J. B., Hudson J. W., « Epistaxis : diagnosis and treatment, *J. Oral. Maxillofac. Surg.* 64 (3), mars 2006, p. 511-518.

CHAPITRE 7. S'ÉPANOUIR SEXUELLEMENT

Arita R., Yanagi Y., Honda N. *et al.*, « Caffeine increases tear volume depending on polymorphisms within osine A2a receptor gene and cytochrome P450 1A2 », *Ophtalmology* 119 (5), mai 2012, p. 972-978.

Aron A., Fischer H., Mashek D. J. *et al.*, « Reward, motivation, and emotion systems associated with early-stage intense romantic love », *J. Neurophysiol.* 94 (1), juil. 2005, p. 327-337.

Aron E. N., Aron N., Jagiellowicz J., « Sensory processing sensiti-vity : a review in the light of the evolution of biological responsi-vity », *Pers. Soc. Psychol. Rev.* 16 (3), août 2012, p. 262-282.

Bartels A., Zeki S., *Neuroreport* 11 (17), nov. 2000, p. 3829-3834.

Bartels A., Zeki S., *Neuroimage* 21, mars 2004, p. 1155-1166.

Basler A. J. « Pilot study investigating the effects of Ayurvedic Abhyanga massage on subjective stress experience », *J. Altern. Complement Med.* 17 (5), mai 2011, p. 435-440.

Bianchi-Demicheli F., Grafton S. T., Ortigue S., « The power of love on the human brain », *Soc. Neurosci.* 1 (2), 2006, p. 90-103.

Cambron J. A., Dexheimer J., Coe P., « Changes in blood pressure after various forms of therapeutic massage : a preliminary study », *J. Altern. Complement Med.* 12 (1), janv.-févr. 2006, p. 65-70.

Campo J., Perera M. A., Del Romero J. *et al.*, « Oral transmission of HIV, reality or fiction ? An update », *Oral. Dis.* 12 (3), mai 2006, p. 219-228.

Cohen M. S., Shugars D. C., Fiscus S. A., « Limits on oral trans-mission of HIV-1 », *The Lancet* 356 (9226), 22 juil. 2000, p. 272.

Corty E. W., « Perceived ejaculatory latency and pleasure in different outlets », *J. Sex. Med.* 5 (11), nov. 2008, p. 2694-2702.

Corty E. W., Guardiani J. M., « Canadian and American sex thera-pist's perceptions of normal and abnormal ejaculatory latencies : how long should intercourse last ? », *J. Sex. Med.* 5 (5), mai 2008, p. 1251-1256.

Cox S. W., Rodriguez-Gonzalez E. M., Booth V., Eley B. M., « Secretory leukocyte protease inhibitor and its potential interac-tions with elastase and cathepsin B in gingival crevicular fluid and saliva from patients with chronic periodontitis », *J. Perio-dontal. Res.* 41 (5), oct. 2006, p. 477-485.

Crane J. D., Ogborn D. I., Cupido C. *et al.*, « Massage therapy uates inflammatory signaling after exercise-induced muscle damage », *Sci. Transl. Med.* 4 (119), 1ᵉʳ févr. 2012.

De Boer A., Van Buel E. M., Ter Horst G. J., « Love is more than just a kiss : a neurobiological perspective on love and affection », *Neuroscience* 201, 10 janv. 2012, p. 114-124.

Denison F. C., Grant V. E., Calder A. A., Kelly R. W., « Seminal plasma components stimulate interleukin-8 and interleukin-10 release », *Mol Hum Reprod.* 5 (3), mars 1999, p. 220-226.

Diamond L. M., Wallen K., « Sexual minority women's sexual motivation around the time of ovulation », *Arch. Sex. Behav.* 40 (2), avril 2011, p. 237-246.

Diamond L. M., Hicks A. M., Otter-Henderson K. D., « Every time you go away : changes in affect, behaviour, and physiology associated with travel-related reparations from romantic partners », *J. Pers. Soc. Psychol.* 95 (2), août 2008, p. 385-403.

Doumas S., Kolokotronis A., Stefanopoulos P., « Anti-inflammatory and antimicrobial roles of secretory leukocyte protease inhibitor », *Infect. Immun.* 73 (3), mars 2005, p. 1271-1274.

Emanuela E. *et al.*, *Pychoneuroendocrinology* 31 (3), avril 2996, p. 288-294.

Forest C. P., Padma-Nathan H., Liker H. R., « Efficacity and safety of pomegranate juice on improvement of erectile dysfunction in male patients with mild to moderate erectile dysfunction : a randomized placebo-controlled, double-blind, crossover study », *Int. J. Impot. Res.* 19 (6), nov.-déc. 2007, p. 564-567.

Garcia F. D., Thibaut F., « Sexual addictions », *Am. J. Drug Alcohol Abuse* 36 (5), sept. 2010, p. 254-260.

Gelstein S., Yeshurun Y., Rozenkrantz L. *et al.*, « Human tears contain a chemosignal », *Science* 331 (6014), 14 janv. 2011,p. 226-230.

Goertz C. H., Grimm R. H., Svendsen K., Grandits G., « Treatment of Hypertension with Alternative Therapies (THAT) Study : a randomized clinical trial », *J. Hypertens.* 20 (10), oct. 2002, p. 2063-2068.

Grewen K. M., Anderson B. J., Girdler S. S. and Light K. C., « Warm partner contact is related to lower cardiovascular reactivity », *Behav. Med.* 29 (3), 2003, p. 123-130.

Grewen K. M., Girdler S. S., Light K. C., « Relationship quality : effects on ambulatory blood pressure and negative affect in a biracial sample of men and women », *Blood Press. Monit.* 10 (3), juin 2005, p. 117-124.

Hardesteam J., Petterson L., Ahlm C. *et al.*, « Antiviral effect of human saliva against hantavirux », *J. Med. Virol.* 80 (12), déc. 2008, p. 2122-2126.

Hendrie C. A., Brewer G., « Kissing as an evolutionary adaptation to protect against Human Cytomegalovirus-like teratogenesis », *Med. Hypotheses* 72 (2), févr. 2010, p. 222-224.

Jefferson L. L., « Exploring effects of therapeutic massage and patient teaching in the practice of diaphragmatic breathing on blood pressure, stress, and anxiety in hypertensive African-American women : an intervention study », *J. Natl. black Nurses Assoc.* 21 (1), juil. 2010, p. 17-24.

Kimata H., « Kissing selectively decreases allergen-specific IgE production in atopic patients », *J. Psychosom. Res.* 60 (5), mai 2006, p. 545-547.

Kort H. I., Massey J. B., Elsner C. W. *et al.*, « Impact of body mass index values on sperm quantity and quality », *J. Androl.* 27 (3), mai-juin 2006, p. 450-452.

Maloney J. M., Chapman M. D., Sicherer S. H., « Peanut allergen exposure through saliva : assessment and interventions to reduce exposure », *J. Allergy Clin. Immunol.* 118 (3), sept. 2006, p. 719-724.

Moeini M., Givi M., Ghasempour Z., Sadeghi M., « The effect of massage therapy on blood pressure of women with pre-hypertension », *Iranian J. of Nursing and Midwifery Research* 16 (1), hiver 2011, p. 61-70.

Olney C. M., « The effect of therapeutic back massage in hypertensive persons : a preliminary study », *Biol. Res. Nurs.* 7 (2), oct. 2005, p. 98-105.

Ortigue S. *et al.*, *J. of Sexual Medicine* 7 (11), nov. 2010, p. 3541-3552.

Pfaffe T., Cooper-White J., Beyerlein P. *et al.*, « Diagnostic potential of saliva : current state and future applications », *Clin. Chem.* 57 (5), mai 2011, p. 675-687.

Rieger G., Savin-Williams R. C., « The yes have it : sex and sexual orientation differences in pupil dilation patterns », *PloS One* 7 (8), 2012.

Sharkey D. J., Tremellen K. P., Jasper M. J. *et al.*, « Seminal Fluid Induces Leukocyte Recruitment and Cytokine and Chemokine mRNA Expression in the Human Cervix after Coitus », *The Journal of Immunology* 188 (5), 1er mars 2012, p. 2445-2454.

Shugars D. C., Sweet S. P., Malamud D. *et al.*, « Saliva and inhibition of HIV-1 infection : molecular mechanisms », *Oral. Dis.* 8, Suppl. 2, p. 169-175.

Smith M., Geffen N., Alasbali T. *et al.*, « Digital ocular massage for hypertensive phase after Ahmed valve surgery », *J. Glaucoma* 19 (1), janv. 2010, p. 11-14.

Waldinger M. D., Schweitzer D. H., « Retarded ejaculation in men : an overview of psychological and neurobiological insights », *World J. Urol.* 23 (2), juin 2005, p. 76-81.

Waldinger M. D., Schweitzer D. H., « Persistent genital arousal disorder in 18 Dutch women : Part. II. À syndrome clustered with restless legs and overactive bladder », *J. Sex. Med.* 6 (2), févr. 2009, p. 482-497.

Waldinger M. D., Van Gils A. P., Ottervanger H. P. *et al.*, « Persistent genital arousal disorder in 18 Dutch women : Part I. MRI, EEG, and transvaginal ultrasonography investigations », *J. Sex. Med.* 6 (2), févr. 2009, p. 474-481.

Welling L. L., Jones B. C., DeBruine L. M. *et al.*, « Men report stronger attraction to femininity in women's faces when their testosterone levels are high », *Horm. Behav.* 54 (5), nov. 2008, p. 703-708.

Werner C., Fürster T., Widmann T. *et al.*, « Physical exercise prevents cellular senescence in circulating leukocytes and in the vessel wall », *Circulation* 120 (24), 15 déc. 2009, p. 2438-2447.

Wiesner J., Vilcinskas A., « Antimicrobial peptides : the ancient arm of the human immune system », Virulence 1 (5), sept.-oct. 2010, p. 440-464.

Younger J., Aron A., Parke S., *et al.*, « Viewing pictures of romantic partner reduces experimental pain : involvement of neural reward systems », *PLoS One* 5 (10), 13 oct. 2010, e13309.

Younger J. *et al.*, *PloS One* 5 (10), oct. 2010.

CHAPITRE 8. ÉLIMINER LE STRESS ET LA DÉPRIME

Ditzen B., Neumann I. D., Bodenmann G. *et al.*, « Effects of different kinds of couple interaction on cortisol and heart rate responses to stress in women », *Psychoneuroendocrinology* 32 (5), juin 2007, p. 565-574.

Grewen K. M., Girdler S. S., Amico J., Light K. C., « Effects of partner support on resting oxytocin, cortisol, norepinephrine, and blood pressure before and after warm partner contact », *Psychosom. Med.* 67 (4), juil.-août 2005, p. 531-538.

Gruber J., Kogan A., Quoidbach J., Mauss I. B., « Happiness is best kept stable : Positive emotion variability is associated with poorer psychological health », *Emotion* 13 (1), févr. 2013, p. 1-6. Department of psychology.

Light K. C., Grewen K. M., Amico J. A. « More frequent partner hugs and higher oxytocin levels are linked to lower blood pressure and heart rate in premenopausal women », *Biol. Psychol.* 69 (1), avril 2005, p. 5-21.

Massolt E. T., Van Haard P. M., Rehfeld J. F. *et al.*, « Appetite suppression through smelling of dark chocolate correlates with changes in ghrelin in young women », *Regul. Pept.* 161 (1-3), 9 avril 2010, p. 81-86.

McLauglin N., « Happiness is a warm hug. Research suggests keeping employees happy is a great wellness program », *Mod. Healthc.* 38 (47), 24 nov. 2008, p. 18.

CHAPITRE 9. ENTRAÎNER SON CERVEAU

Abel E. L., Kruger M. L., « Age heterogamy and longevity : evidence from Jewish and Christian cemeteries », *PubMed* – indexé pour MEDLINE.

Abel E. L., Kruger M. L., « Symbolic significance of initials on longevity », *PubMed* – indexé pour MEDLINE.

Abel E. L., Kruger M. M., Pandya K., « Sopranos but not tenors live longer », *Aging Male* 15 (2), juin 2012, p. 109-110.

Almqvist C., Garden F., Kemp A. S., CAPS Investigators *et al.*, « Effects of early cat or dog ownership on sensitisation and asthma in a high-risk cohort without disease-related modification of exposure », *Paediatr Perinat Epidemiol* 24 (2), mars 2010, p. 171-178.

Bedrosian T. A., Fonken L. K., Walton J. C. *et al.*, « Dim light at night provokes depression-like behaviors and reduces CA1 dendritic spine density in female hamsters », *Psychoneuroendocrinology* 36 (7), août 2011, p. 1062-1069.

Bibliographie

Bjornerem A., Ahmed L. A., Jorgensen L. *et al.*, « Breastfeeding protects against hip fracture in postmenopausal women : the Tromso study », *J. Bone Miner. Res.* 26 (12), déc. 2011, p. 2843-2850.

Brock K. E., Berry G., Brinton L. A. *et al.*, « Sexual, reproductive and contraceptive risk factors for carcinoma-in-situ of the uterine cervix in Sidney », *Med. J. Aust.* 150 (3), 6 févr. 1989, p. 125-130.

Choi K. S., « The effects of teacher expectancy and self-expectancy on performance », *Shinrigaku Kenkyu* 58 (3), août 1987, p. 181-185.

Cutt H., Giles-Corti B., Knuiman M., Burke V., « Dog ownership, health and physical activity : a critical review of the literature », *Health Place* 13 (1), mars 2007, p. 261-272.

Freudenheim J. L., Marshall J. R., Vena J. E. *et al.*, « Lactation history and breast cancer risk », *Am. J. Epidemiol.* 146 (11), 1er déc. 1997, p. 932-938.

Ho A. J., Raji C. A., Saharan P., Alzheimer's Disease Neuroimaging Initiative *et al.*, « Hippocampal volume is related to body mass index in Alzheinmer's disease », *Neuroreport* 22 (1), 5 janv. 2011, p. 10-14.

Kaur B., Chiocca E. A., Cripe T. P., « Oncolytic HSV-1 virotherapy : clinical experience and opportunities for progress », *Curr. Pharm. Biotechnol.*, 8 juil. 2011.

Kraft T. L., Pressman S. D., « Grin and bear it : the influence of manipulated facial expression on the stress response », *Psychol. Sci.* 23 (11), 2012, p. 1372-1378.

Pace T. W., Negi L. T., Adame D. D. *et al.*, « Effect of compassion meditation on neuroendocrine, innate immune and behavioural responses to psychosocial stress », Psychoneuroendocrinology 34 (1), janv. 2009, p. 87-98.

Paul-Labrador M., Polk D., Dwyer J. H. *et al.*, « Effects of a randomized controlled trial of transcendental meditation on components of the metabolic syndrome in subjects with coronary heart disease », *Arch. Intern. Med.* 166 (11), 12 juin 2006, p. 1218-1224.

Presl J., « Pregnancy and breast feeding decreases the risk of ovarian carcinamo », *Cesk Gynekol.* 46 (7), août 1981, p. 541-544.

Radon K., Schulze A., Nowak D., *Unit for occupational and environmental epidemiology and net teaching*, Institute for Occupational and Environmental Medicine, Ludwig-Maximilians-University, Munich, Germany.

Rainforth M. V., Schneider R. H., Nidich S. I. *et al.*, « Stress reduction programs in patients with elevated blood pressure : a systematic review and meta-analysis », *Curr. Hypertens ReP.* 9 (6), déc. 2007, p. 520-528.

Raji C., Lipton R., « Eating fish reduces risk of Alzheimer's disease », *Radiological Society of North America*, 30 nov. 2011.

Schneider R., Nidich S., Kotchen J. M. *et al.*, « Effects of Stress Reduction on Clinical Eventsin Heart Disease : A Randomized Controlled Trial », *Circulation* 120, 2009, S461.

Schneider R. H., Walton K. G., Salerno J. W., Nidich S. I., « Cardiovascular disease prevention and health promotion with the transcendental meditation program and Maharishi consciousness-based health care », *Ethn Dis.* 16 (3) Suppl. 4, été 2006, S4-15-26.

Weinstein R. S., Marshall H. H., Sharp L., Botkin M., « Pygmalion and the student : age and classroom differences in children's awareness of teacher expectations », *Child Dev.* 58 (4), août 1987, p. 1079-1093.

Xu X., Aron A., Brown L. *et al.*, « Reward and motivation systems : a brain mapping study of early-stage intense romantic love in Chinese participants », *Hum. Brain Mapp.* 32 (2), févr. 2011, p. 249-257.

CHAPITRE 10. MAGNÉTISME, CLAIRVOYANCE, GUÉRISONS MYSTÉRIEUSES

Adachi N., Adachi T., Kimura M. *et al.*, « Dermographic and psychological features of déjà vu experiences in a nonclinical Japanese population », *J. Nerv. Ment. Dis.* 191 (4), avril 2003, p. 242-247.

Adachi T., Adachi N., Takekawa Y. *et al.*, « Déjà vu experiences in patients with schizophrenia », *Compr. Psychiatry* 47 (5), sept.-oct. 2006, p. 389-393.

Ahmad F., Quinn T. J., Dawson J., Walters M., « A link between lunar phase and medically unexplained stroke symptoms : an unearthly influence ? », *J. Psychosom.* 65 (2), août 2008, p. 131-133.

Bayes H. K., Weir C. J., O'Leary C., « Timing of birth and risk of multiple sclerosis in the Scottish population », *Eur. Neurol.* 63 (1), 2010, p. 36-40.

Brown A. S., « A review of déjà vu experience », *Psychol. Bull.* 129 (3), mai 2003, p. 394-413.

Chi R. P., Snyder A. W., « Brain stimulation enables the solution of an inherently difficult problem », *Neurosci. Lett.* 515 (2), 2 mai 2002, p. 121-124.

Chi R. P., Fregni F., Snyder A. W., « Visual memory improved by non-invasive brain stimulation », *Brain Res.* 1353, 24 sept. 2010, p. 168-175.

Cleary A. M., Brown A. S., Sawyer B. D. *et al.*, « Familiarity from the configuration of objects in 3-dimentional space and its relation to déjà vu : a virtual reality investigation », *Conscious. Cogn.* 21 (2), juin 2012, p. 969-975.

Cleary A. M., Ryals A. J., Nomi J. S., « Can déjà vu result from similarity to a prior experience ? Support for the similarity hypothesis of déjà vu », *Psychon. Bull. Rev.* 16 (6), déc. 2009, p. 1082-1088.

Crumbaugh J. C., Stockhilm E., « *Validation of graphoanalysis by "global" or "holistic" method* », *Percept Mot Skills* 44 (2), avril 1977, p. 403-410.

Dalen J., Smith B. W., Chelley B. M. *et al.*, « Pilot study : Mindful Eating and Living (MEAL) : weight, eating behaviour, and psychological outcomes associated with a mindfulness-based intervention for people with obesity », *Complement. Ther. Med.* 18 (6), déc. 2010, p. 260-264.

Disanto G., Handel A. E., Para A. E. *et al.*, « Season of birth and anorexia nervosa », *The British Journal of Psychiatry*, 17 mars 2011.

Fee E., Brown T. M., « The unfulfilled promise of public health : déjà vu all over again », *Health Aff (Millwood)* 21 (6), nov.-déc. 2002, p. 31-43.

Hadlaczky G., Westerlund J., « Sensitivity to coincidences and paranormal belief », *Percept. Mot. Skills* 113 (3), déc. 2011, p. 894-908.

Hardy S. E., Perera S., Roumani Y. F. *et al.*, « Improvement in usual gait speed predicts better survival in older adults », *J. Am. Geriatr. Soc.* 55 (11), nov. 2007, p. 1727-1734.

Huber S., Fieder M., « Perinatal winter conditions affect later reproductive performance in Romanian women : intra and intergenerational effects », *Am. J. Hum. Biol.* 2 3(4), juil.-août 2011, p. 546-552.

Huber S., Fieder M., « Strong association between birth month and reproductive performance of Vietnamese women », *Am. J. Hum. Biol.* 21 (1), janv.-févr. 2009, p. 25-35.

Hurley, Dan, « Growing list of positive effects of nicotine seen in neurodegenerative disorders », *Neurology Today* 12 (2), 19 janv. 2012 ; p. 37-38.

Lynn S. J., Kirsch I., Barabasz A. *et al.*, « Hypnosis as an empirically supported clinical intervention : the state of the evidence and a look to the future », *Int. J. Clin. Exp. Hypn.* 48 (2), avril 2000, p. 239-259.

Molaee Govarchin Ghalae H., Zare S., Choopanloo M., Rahimian R., « The lunar cycle : effect of full moon on renal colic », *Urol. J.* 8 (2), printemps 2011, p. 137-140.

Morrow R. L., Garland E. J., Wright J. M. *et al.*, « Influence of relative age on diagnosis and treatment of attention-deficit/hyperactivity disorder in children », *CMAJ* 184 (7), 17 avril 2012, p. 755-762.

Mouly S., Mahé I., champion K. *et al.*, « Graphology for the diagnosis of suicide attempts : a blind proof of principle controlled study », *Int. J. Clin. Pract.* 61 (3), mars 2007, p. 411-415.

Newrick P. G., Affie E., Corrall R.J., « Relationship between longevity and lifeline : a manual study of 100 patients », *J. R. Soc. Med.* 83 (8), août 1990, p. 499-501.

Nilsson L., Björksten B., Hattevig G. *et al.*, « Season of birth as predictor of atopic manifestations », *Arch. Dis. Child.* 76 (4), avril 1997, p. 341-344.

Phillips D. P., Van Voorhees C. A., Ruth T. E., « The birthday : lifeline or deadline ? », *Psychosom Med.* 54 (5), sept.-oct. 1992, p. 532-542.

Quick M., O'Leary K., Tanner C. M., « Nicotine and Parkinson's disease : implications for therapy », *Mov. Disord.* 23 (12), 15 sept. 2008, p. 1641-1652.

Rieger G., Savin-Williams R. C., « The eyes have it : sex and sexual orientation differences in pupil dilatation patterns », *PLos One* 7 (8), 2012, e40256.

Roman E. M., Soriano G., Fuentes M. *et al.*, « The influence of the full moon on the number of admissions related to gastrointestinal bleeding », *Int. J. Nurs. Pract.* 10 (6), déc. 2004, p. 292-296.

Ross G. W., Petrovitch H., « Current evidence for neuroprotective effects of nicotine and caffeine against Parkinson's disease », *Drugs Aging* 18 (11), 2011, p. 797-806.

Schaller M., Miller G. E., Gervais W. M. *et al.*, « Mere visual perception of other people' disease symptoms facilitates a more aggressive immune response », *Psychol. Sci* 21 (5), mai 2010, p. 649-652.

Sheldrake R., Smart P., « Testing for telepathy in connection with e-mails », *Percept. Mot. Skills* 101 (3), déc. 2005, p. 771-786

Silverstein R. G., Brown A. C., Roth H. D., Britton W. B., « Effects of mindfulness training on body awareness to sexual stimuli : implications for female sexual dysfunction », *Psychosom Med.* 73 (9), nov.-déc. 2011, p. 817-825.

Sorensen H. T., Pedersen L., Norgard B. *et al.*, « Does month of birth affect risk of Crohn's disease in childhood and adolescence ? », *BMJ* 323 (7318), 20 oct. 2011, p. 907.

Snyder A., Bahramali H., Hawker T., Mitchell D. J., « Savant-like numerosity skills revealed in normal people by magnetic pulses », *Perception* 35 (6), 2006, p. 837-845.

Toulorge D., Guerreiro S., Hild A. *et al.*, « Neuroprotection of midbrain dopamine neurons by nicotine is gated by cytoplasmic Ca2+ », *FASEBJ* 25 (8), août 2011, p. 2563-2573.

Van Ranst M., Joossens M., Joossens S. *et al.*, « Crohn's disease and month of birth », *Inflamm. Bowel. Dis.* 11 (6), juin 2005, p. 597-599.

Willer C. J., Dyment D. A., Sadovnick A. D., Canadian Collabortive Study Group *et al.*, « Timing of birth and risk of multiple sclerosis : population based study », *BMJ* 330 (7483), 15 janv. 2005, p. 120.

Woodard F. J. « A phenomenological study of spontaneous spiritual and paranormal experiences in a 21st-century sample of normal people », *Psychol. Rep.* 110 (1), févr. 2012, p. 73-132.

Le meilleur médicament, c'est vous !

ÉPILOGUE

Costanzo J. P., Lee R. E. Jr, Lortz P. H., « Glucose concentration regulates freeze tolerance in the wood frog *Rana sylvatica* », *J. Exp. Biol.* 181, août 1993, p. 245-255.

Ferreira L. M., Mostajo-Radji M. A., « How induced pluripotent stem cells are redefinning personalized medicine », *Gene.*, 4 mars 2013. Department of Stem Cell and Regenerative Biology, Harvard University, Cambridge, MA (USA).

Ieda M., « Heart regeneration using reprogramming technology », *Proc. Jpn Acad. Ser. B. Phys. Biol. Sci.* 89 (3), 2013, p. 118-128.

Kao L. S., Boone D., Mason R. J. *et al.*, « Antibiotics *vs* Appendectomy for uncomplicated acute appendicitis », *J. Am. Coll. Surg.* 216 (3), mars 2013, p. 501-505.

Munro D., Blier P. U., « The extreme longevity of *Arctica islandica* is associated with increased peroxidation resistance in mitochondrial membranes », *Aging Cell* 11 (5), oct. 2012, p. 845-855.

Sullivan K. J., Storey K. B., « Environmental stress responsive expression of the gene li16 in *Rana sylvatica*, the freeze tolerant wood drog », *Cryobiology* 64 (3), juin 2012, p. 192-200.

Ungvari Z., Ridgway I., Philipp E. E. *et al.*, « Extreme longevity is associated with increased resistance to oxidative stress in *Arctica islandica*, the longest-living non-colonial animal », *J. Gerontol. A. Biol. Sci. Med. Sci.* 66 (7), juil. 2011, p. 741-750.

Zhang J., Storey K. B., « Cell cycle regulation in the freeze tolerant wood frog, *Rana sylvatica* », *Cell cycle* 11 (9), 1er mai 2012, p. 1727-1742.

Remerciements

Pour leurs avis d'experts, leurs conseils judicieux, et surtout pour leur amitié qui m'a accompagné pendant la longue rédaction de cet ouvrage :

Professeur Michel Aubier
Professeur Frédéric Baud
Madame Caroline Bee
Professeur Patrick Berche
Madame Lise Boëll, mon éditrice
Professeur Fabrice Bonnet
Professeur François Bricaire
Monsieur Richard Ducousset
Docteur Gérald Fain
Professeur Gérard Friedlander
Professeur Serge Hercberg
Professeur Michel Lejoyeux
Professeur Jean François Narbone
Professeur François Olivenne
Monsieur Antonin Saldmann
Madame Marie Saldmann
Docteur Olivier Spatzierer
Monsieur Bernard Werber

Table

DU MÊME AUTEUR

Oméga-3,
Ramsay, 1995

Les nouveaux Risques alimentaires,
Ramsay, 1997 ; J'ai Lu, 1999

Libre de maigrir,
Ramsay, 1998

La Cuisine à vivre, avec Michel Guérard,
Éditions n° 1, 2000

Le Bon Usage des vitamines,
Éditions n° 1, 2001

On s'en lave les mains –
Tout connaître des nouvelles règles de l'hygiène,
Flammarion, 2007 ; J'ai Lu, 2008

Le Grand Ménage –
Tout ce qu'il faut éliminer pour être en bonne santé,
Flammarion, 2008

Les Petites Hontes : récits,
Flammarion, 2009

Les nouvelles Épidémies, avec le Pr François Bricaire,
Flammarion, 2009

La Vie et le Temps – les nouveaux boucliers anti-âge,
Flammarion, 2011

Composition Nord Compo
Impression CPI Bussière en mai 2013
à Saint-Amand-Montrond (Cher)
Éditions Albin Michel
22, rue Huyghens, 75014 Paris
www.albin-michel.fr